Die Bindung der Staatsanwaltschaft an die höchstrichterliche Rechtsprechung

Europäische Hochschulschriften

European University Studies

Publications Universitaires Européennes

Reihe II **Rechtswissenschaft**

Series II Law

Série II Droit

Band/Volume **5556**

Luka Breneselović

Die Bindung der Staatsanwaltschaft an die höchstrichterliche Rechtsprechung

Mit einem Vorwort von Ulfrid Neumann

PL ACADEMIC RESEARCH

Bibliografische Information der Deutschen Nationalbibliothek
Die Deutsche Nationalbibliothek verzeichnet diese Publikation in der Deutschen Nationalbibliografie; detaillierte bibliografische Daten sind im Internet über http://dnb.d-nb.de abrufbar.

ISSN 0531-7312
ISBN 978-3-631-64201-6 (Print)
E-ISBN 978-3-653-03469-1 (E-Book)
DOI 10.3726/978-3-653-03469-1

PL Academic Research ist ein Imprint der Peter Lang GmbH.
Peter Lang – Frankfurt am Main · Bern · Bruxelles · New York · Oxford · Warszawa · Wien

www.peterlang.de

Vorwort

von Prof. Dr. Dr. h.c. Ulfrid Neumann

Es ist selten, dass eine Magisterarbeit zur Veröffentlichung empfohlen wird. Hinsichtlich der vorliegenden Arbeit bin ich der Meinung, dass sie es nicht nur aufgrund ihres hohen wissenschaftlichen Niveaus verdient, publiziert zu werden. Ihre Veröffentlichung liegt aus meiner Sicht zugleich im Interesse der weiteren wissenschaftlichen Auseinandersetzung um eine der zentralen Streitfragen im deutschen Strafprozessrecht.

Die Frage, ob die Staatsanwaltschaft Anklage erheben muss, wenn sie eine Handlungsweise, die nach der höchstrichterlichen Rechtsprechung einen Straftatbestand erfüllt, ihrerseits für nicht tatbestandsmäßig hält, ist trotz der Grundsatzentscheidung BGHSt 15, 155 und übereinstimmender nachfolgender Entscheidungen (OLG Zweibrücken NStZ 2007, 429) in der Wissenschaft des Strafprozessrechts nach wie vor umstritten. Die kontravalenten Argumente zur Stellung der Staatsanwaltschaft und ihrem institutionellen Verhältnis zu den Gerichten sind seit langem ausgetauscht, ohne dass sich ein Konsens abzeichnen würde.

Die Arbeit von Herrn *Breneselović* will dazu anregen, die Lösung des Problems nicht in einem „holistischen" Bild von der Stellung der Staatsanwaltschaft im Strafverfahren, sondern in einer Analyse der Funktionsbedingungen einer Strafjustiz zu suchen, die sich den Prinzipien der Gleichbehandlung und der Rechtseinheit verpflichtet weiß. Bei dieser Sichtweise ergibt sich, dass die Einheitlichkeit der justiziellen Entscheidung über die Strafbarkeit eines Verhaltens, die durch ein differenziertes System von Vorlagepflichten (§§ 121 Abs. 2, 132 Abs. 2-4 GVG) gesichert werden soll, ohne eine Bindung der Staatsanwaltschaft an die Rechtsprechung der Gerichte nicht zu gewährleisten wäre.

Einen gewichtigen Beitrag zur weiteren Diskussion sehe ich auch in der Analyse des rechtsmethodologischen Vorverständnisses, das nach der Diagnose von Herrn *Breneselović* der an der „Bindungsthese" geübten Kritik zumindest teilweise zugrunde liegt. Versteht man die Frage, ob eine bestimmte Verhaltensweise strafbar ist oder nicht, als ein Problem der zutreffenden Erkenntnis des geltenden Rechts, so ist in der Tat nicht einzusehen, warum der juristisch in gleicher Weise ausgebildete Staatsanwalt nicht in gleicher Weise wie der Richter in der Lage sein sollte, die Strafbarkeit bzw. Straflosigkeit dieser Verhaltensweise festzustellen. Dieser Sichtweise legt aber, wie Herr *Breneselović* zutreffend darlegt, ein heute als verfehlt erkanntes Verständnis des Prozesses der Rechtsanwendung zu Grunde. Die Vorstellung der „einzig richtigen Entscheidung" wurde als erkenntnistheoretisch unhaltbar verabschiedet. Damit tritt an die Stelle des Modells der „richtigen", vom Staatsanwalt ebenso gut wie von dem Richter erkennbaren rechtlichen Bewertung, das Modell verschiedener „vertretbarer" Auffassungen. Verschiebt sich das Problem der Entscheidungskompetenz somit aber vom Bereich der Erkenntnis in den der institutionellen Zuständigkeit, dann lässt sich, so die überzeugende Schlussfolgerung von Herrn *Breneselović,* kaum bestreiten, dass diese Entscheidungskompetenz dem *institutionell* für die Strafrechtsprechung zuständigen Richter zukommen muss.

Gleichgültig, ob man der m.E. überzeugenden Argumentation von Herrn *Breneselović* im Ergebnis folgt oder nicht – sie dürfte und sollte der weiteren Diskussion zumindest gewichtige Impulse geben.

Frankfurt am Main,
im September 2013 *Prof. Dr. Dr. h.c. Ulfrid Neumann*

Danksagung

Die vorliegende Studie über die Bindung der Staatsanwaltschaft an die höchstrichterliche Rechtsprechung wurde im Sommer 2011 dem Fachbereich Rechtswissenschaft der Goethe-Universität Frankfurt am Main als Magisterarbeit vorgelegt. Während des Aufbaustudiums in Frankfurt in den Jahren 2010 und 2011 wurde ich ideell und finanziell von der Konrad-Adenauer-Stiftung gefördert; eine Förderung und Betreuung für die ich der Stiftung, und dort insbesondere Herrn. Dr. Detlev Preuße und Frau Dr. Daria Dylla, sehr dankbar bin.

In Frankfurt bin ich besonders dem Betreuer der Arbeit Prof. Ulfrid Neumann sowie Dr. Denis Basak für die freundliche Aufnahme am Lehrstuhl, erhaltene Anregungen und die schnelle Erstellung der Gutachten dankbar. Dauernd in Erinnerung wird mir das rechtstheoretische Mittwochsseminar bei Prof. Rudolf Wiethölter und seinen Kollegen bleiben.

Herr Dr. Jovan Ćirić, Leiter des Instituts für Rechtsvergleichung aus Belgrad, hat meine Arbeit immer mit großem Interesse und Fachkunde verfolgt, wofür ich ebenso besonders dankbar bin. Herr Ref. jur. Sebastian Sobota aus Mainz hat mir bei der Textkorrektur geholfen. Es war freilich oft zweifelhaft ob ich, als kein Muttersprachler, etwas anders ausdrücke weil ich eine sprachliche Nuance und ggf. Abweichung von dem Üblichen für wichtig halte oder weil mir die übliche Ausdrucksmöglichkeit als solche nicht vorgeschwebt hatte. Letztendlich haben sowohl die Nuancen, als auch das Übliche gelitten, wofür ich mich beim Leser entschuldigen möchte.

Mir ist es bewusst, dass die Studie kurz ist; trotzdem hoffe ich, dass sie als ein Beitrag **gegen "Ontologie"** und **für die Teleologie** und funktionales Verständnis in Jurisprudenz und Strafrecht Anerkennung finden wird.

In München,
im Sommer 2013

Luka Breneselović

Inhaltsverzeichnis

§ 4. Streituntersuchung II
(Das Aufgreifen von Vorverständnissen)

§ 5. Synthetisch-abschließende Betrachtung

§ 6. Praktische Zusammenfassung

Literaturverzeichnis

Albrecht, Peter-Alexis: Kriminologie, Eine Grundlegung zum Strafrecht, 4. Aufl., München 2010.

AK: Alternativ Kommentar zur Strafprozeßordnung, hrsg. von H. Achenbach et al., Band 2, Teilband 1, Neuwied 1992.

AnwK: AnwaltKommentar Strafprozessordnung, 2. Aufl., München 2010.

Arend, Susanne: Die Bindung der Staatsanwaltschaft an die Rechtsprechung der Strafgerichte, Trier 1993.

Arndt, Adolf: Umwelt und Recht (1. Verschleiß an Würde; 2. Umstrittene Staatsanwaltschaft), NJW 1961, 1615.

Barton, Stephan: Einführung in die Strafverteidigung, München 2007.

Basler Kommentar: Basler Kommentar: Schweizerische Strafprozessordnung, hrsg. von M. A. Niggli, H. Wiprächtiger und M. Heer, 2011.

Beling, Ernst von: Deutsches Reichsstrafprozeßrecht mit Einschluß des Strafgerichtsverfassungsrechts, Berlin 1928.

Beulke, Werner: Strafprozessrecht, 12. Aufl., Heidelberg etc. 2012.

Binding, Karl: Grundriss des Deutschen Strafprozessrechts, 5. Aufl., Leipzig 1904.

Birkmeyer, Karl: Deutsches Strafprozeßrecht, Berlin 1898.

Bloy, René:	Grundprobleme des Verhältnisses zwischen Staatsanwaltschaft und rechtsprechender Gewalt, JuS 1981, 427.
Bottke, Wilfried:	Zur Anklagepflicht der Staatsanwaltschaft, GA 1980, 298.
Brodag, Wolf-Dietrich:	Strafverfahrensrecht für Schulung und Praxis, 12. Aufl., Stuttgart etc. 2008.
Deiters, Mark:	Legalitätsprinzip und Normgeltung, Tübingen 2006.
Dohna, Alexander Graf zu:	Das Strafverfahren, Berlin, 1913.
Döhring, Silke:	Ist das Strafverfahren vom Legalitätsprinzip beherrscht?, Frankfurt a.M. etc. 1999.
Donatsch/Hansjakob/Lieber:	Kommentar zur Schweizerischen Strafprozessordnung, hrsg. von A. Donatsch, T. Hansjakob und V. Lieber, 2010.
Dreier, Horst (Hrsg.):	Grundgesetz Kommentar, Band 2: Art. 20-82, 2. Aufl., 2006; Band 3: Art. 83-146, 2. Aufl., Tübingen 2008.
Dünnebier, Hanns:	Die Bindung des Staatsanwalts ans Gesetz, JZ 1961, 312.
Erb, Volker:	Legalität und Opportunität, Gegensätzliche Prinzipien der Anwendung von Strafrechtsnormen im Spiegel rechtstheoretischer rechtsstaatlicher und rechtspolitischer Überlegungen, Berlin 1999.
Faller, Hans Joachim:	Die Staatsanwaltschaft und das verfassungswidrige Gesetz, JZ 1961, 478.
Fezer, Gerhard:	Strafprozessrecht, 2. Aufl., München 1995.
Foerster, Max:	Transfer der Ergebnisse von Strafver-

fahren in nachfolgende Zivilverfahren, Tübingen 2008.

Gabriel, Götz: Ist die Staatsanwaltschaft an die höchstrichterliche Rechtsprechung gebunden?, 1969.

Göppinger, Hans: Kriminologie, 6. Aufl., München 2008.

Gössel, Karl Heinz: Strafverfahrensrecht, Stuttgart etc. 1977.

Graf, Jürgen Peter (Hrsg.): Strafprozessordnung Kommentar, 2. Aufl., München 2012.

Günther, Klaus: Kopf oder Füße?, Das Rechtsprojekt der Moderne und seine vermeintliche Paradoxien, in: R. M. Kiesow/R. Ogorek/S. Simitis (Hrsg.), Summa – Dieter Simon zum 70. Geburtstag, 2005, 255.

Haft, Fritjof: Juristische Rhetorik, 8. Aufl., Freiburg i. Br./München 2009.

Haft, Fritjof/Hilgendorf, Eric: Die Bindung der Staatsanwaltschaft an die höchstrichterliche Rechtsprechung als Beispiel topischer Argumentation, in: Festschrift zum 125-jährigen Bestehen der Staatsanwaltschaft Schleswig-Holstein, 1992, 279.

Hahn, Carl: Hahn, Carl/Mugdan, Benno (Hrsg.), Die gesamten Materialien zu den Reichs-Justizgesetzen, I-VIII, Nachdruck 1983.

Haller, Klaus/Conzen, Klaus: Das Strafverfahren, 6. Aufl., Heidelberg etc. 2011.

Hartmann, Arthur/ Schmidt, Rolf: Strafprozessrecht, Grundzüge des Strafverfahrens, 4. Aufl., Grasberg bei Bremen 2012.

Hb StaatsR: Handbuch des Staatsrechts der Bundesrepublik Deutschland, Band II: Verfassungsstaat, hrsg. von J. Isensee und P. Kirchof, 3. Aufl. 2004.

Hb zum Strfverfahren: Handbuch zum Strafverfahren, hrsg. von M. Heghmanns und U. Scheffler, München 2008.

Hellmann, Uwe: Strafprozessrecht, 2. Aufl., Berlin etc. 2006.

Hesse, Konrad: Grundzüge des Verfassungsrechts der Bundesrepublik Deutschland, 20. Aufl., Heidelberg 1999.

Heyden, Frank: Begriff, Grundlagen und Verwirklichung des Legalitätsprinzips und des Opportunitätsprinzips, Winterthur 1961.

Hippel, Robert von: Der deutsche Strafprozess, Marburg 1941.

HK: Heidelberger Kommentar StPO, 4. Aufl. 2011.

Jahn, Matthias: Besprechung des Beschlusses OLG Zweibrücken vom 8. 3. 2007 – 1 Ws 47/07, JuS 2007, 691.

Jeutter, Friedrich: Sinn und Grenzen des Legalitätsprinzips im Strafverfahren, München 1976.

Joecks, Wolfgang: StPO Studienkommentar, 3. Aufl., München 2011.

Joecks, Wolfgang: Praxis des Steuerstrafrechts, Berlin etc. 1998.

John, Richard: Strafprozessordnung für das Deutsche Reich, Erlangen 1888.

Julius, Karl-Peter: Strafprozessordnung Kommentar, 4. Aufl., Heidelberg 2009.

Kaufmann, Arthur: Das Verfahren der Rechtsgewinnung, Eine rationale Analyse, München 1999.

K/H/N: Kaufmann, Arthur/Hassemer, Winfried/Neumann, Ulfrid (Hrsg.), Einführung in Rechtsphilosophie und Rechtstheorie der Gegenwart, 8. Aufl., Heidelberg etc. 2011.

Kindhäuser, Urs: Strafprozessrecht, 3. Aufl., Baden-Baden 2013.

Kissel, Otto Rudolf/Mayer, Herbert: Gerichtsverfassungsgesetz Kommentar, 6. Aufl., München 2006.

KK: Karlsruher Kommentar zur Strafprozessordnung, hrsg. von R. Hannich, 6. Aufl., München 2008.

KMR: Kommentar zur Strafprozessordnung, KMR, hrsg. von T. Kleinknecht, H. Müller, G. Fezer und R. Paulus, Köln etc.

Klesczewski, Diethelm: Strafprozessrecht, Köln etc. 2007.

Kloepfer, Michael: Staatsrecht I: Grundlagen, Staatsorganisationsrecht, Bezüge zum Völker- und Europarecht, München 2011.

Koppenfels, Volkmar von: Die Bindung der Staatsanwaltschaft an die höchstrichterliche Rechtsprechung, Münster 1969.

Kramer, Bernhard: Grundbegriffe des Strafverfahrensrechts: Ermittlung und Verfahren, 7. Aufl., Stuttgart 2009.

Kretschmer, Joachim: Die Staatsanwaltschaft, JURA 2004, 452.

Krey, Volker: Strafverfahrensrecht I, Stuttgart etc.1988.

Krey, Volker: Deutsches Strafverfahrensrecht I, Stuttgart 2006.

Krey, Volker/ Pföhler, Jürgen: Zur Weisungsgebundenheit des Staatsanwaltes, NZSt 1985, 145.

Kries, August von: Lehrbuch des Deutschen Strafprozeßrechts, Freiburg i. B. 1892.

Kühne, Hans-Heiner: Strafprozessrecht, Eine systematische Darstellung des deutschen und europäischen Strafverfahrensrechts, 8. Aufl., Heidelberg etc. 2010.

Liebehentze, August: Opportunitätsprinzip und Legalitätsprinzip in England, Marburg 1971.

LK: Leipziger Kommentar Strafgesetzbuch, Band 9/1: §§ 263–266b, 12. Aufl., Berlin etc. 2012.

Löwe, F.: Die Strafprozeßordnung für das Deutsche Reich, 10. Aufl., Berlin 1900.

Löwe-Rosenberg[24]: Die Strafprozeßordnung und das Gerichtsverfassungsgesetz, Band 1: Einleitung, §§ 1-111 n, 24. Aufl., Berlin etc. 1988.

Löwe-Rosenberg[25]: Die Strafprozeßordnung und das Gerichtsverfassungsgesetz, Band 1: Einleitung, §§ 1-71, 25. Aufl., Berlin etc. 1999.

Löwe-Rosenberg[26]: Die Strafprozeßordnung und das Gerichtsverfassungsgesetz, Band 1: Einleitung; §§ 1-47; Band 5: §§ 155-212 b; Band 10: GVG, EGGVG;; 26. Aufl., Berlin etc. 2006, 2008, 2010.

Luban, David/O´Sullivan, Julie/Stewart, David: International and Transnational Criminal Law, Austin etc. 2010.

Lüttger, Hans: Der "genügende Anlaß" zur Erhebung der öffentlichen Klage, GA 1957, 193.

v. Mangoldt/Klein/Starck: Kommentar zum Grundgesetz, hrsg. von Christian Starck, Band 2: Art. 20 bis 82; Band 3: Art. 83 bis 146, 6. Aufl., Müchen 2010.

Marquardt, Hanno: Die Entwicklung des Legalitätsprinzips – Ein historisch-empirischer Beitrag zur Gesetzgebung, Mannheim 1982.

Maurer, Hartmut: Staatsrecht I: Grundlagen, Verfassungsorgane, Staatsfunktionen, 6. Aufl., München 2010.

Meyer-Goßner, Lutz/Schmitt, Bertram: Strafprozessordnung, Gerichtsverfassungsgesetz, Nebengesetze und ergänzende Bestimmungen, 56. Aufl., München 2013.

Meyer-Ladewig, Jens: Justizstaat und Richterrecht, AcP 161 (1962), 97.

Miehe, Olaf: Anklage und Eröffnung, Festschrift für Gerald Grünwald, 1999, 379.

v. Münch, Ingo/ Kunig, Philip (Hrsg.): Grundgesetz Kommentar, Band 1: Präambel bis Art. 69, Band 2: Art. 70 bis 146, 6. Aufl., München 2012.

Neumann, Ulfrid: Juristische Argumentationslehre, Darmstadt 1986.

Neumann, Ulfrid: Wahrheit im Recht: Zur Problematik und Legitimität einer fragwürdigen Denkform, Baden-Baden 2004.

Nowakowski, Friedrich: Ist die Staatsanwaltschaft an die ständige oder gefestigte höchstrichterliche Rechtsprechung gebunden?, Gutachten für den 45. Dt. Juristentag, Band I/2, München/ Berlin 1964.

Nüse, Karl-Heinz: Zur Bindung der Staatsanwaltschaft an die höchstrichterliche Rechtsprechung, JR (1964), 281.

Otto, Harro/ Bosch, Nikolaus: Übungen im Strafrecht, 7. Aufl., Berlin/ New York 2010.

Peters, Karl: Strafprozess, 2. Aufl. 1966, 4. Aufl. 1985.

Pfeiffer, Gerd: Strafprozessordnung, Kommentar, 5. Aufl., München 2005.

Pott, Christine: Die Ausserkraftsetzung der Legalität durch das Opportunitätsdenken in den Vorschriften der §§ 154, 154a StPO, Diss., Frankfurt a.M. etc. 1996.

Putzke, Holm/Scheinfeld, Jörg: Strafprozessrecht, 4. Aufl., München 2012.

Radtke/Hohmann: Strafprozessordnung, Kommentar, hrsg. von H. Radtke und O. Hohmann, München 2011.

Ranft, Otfried: Strafprozeßrecht, 3. Aufl., Stuttgart etc. 2005.

Roxin, Claus: Rechtsstellung und Zukunftsaufgaben der Staatsanwaltschaft, DRiZ 1969, 385.

Roxin, Claus: Zur Rechtsstellung der Staatsanwaltschaft damals und heute, DRiZ 1997, 109.

Roxin, Claus/Arzt, Gunther/Tiedemann, Klaus: Einführung in das Strafrecht und Strafprozessrecht, 5. Aufl., Heidelberg 2006.

Roxin, Claus/Schünemann, Bernd: Strafverfahrensrecht, Ein Studienbuch, 27. Aufl., München 2012.

Rüping, Hinrich: Das Verhältnis von Staatsanwaltschaft und Polizei, ZStW 95 (1983), 894.

Rüping, Hinrich: Das Strafverfahren, 3. Aufl., München 1997.

Sachs: Grundgesetz Kommentar, hrsg. von Michael Sachs, 6. Aufl., 2011.

Saliger, Frank: Auswirkungen des Untreue-Beschlusses des Bundesverfassungsgerichts vom 23.6.2010 auf die Schadensdogmatik, ZIS 2011, 902.

Schlüchter, Ellen: Das Strafverfahren, 2. Aufl., Köln etc. 1983.

Schmidt-Bleibtreu, Bruno/Hofmann, Hans/Hopfauf, Axel (Hrsg.): GG Kommentar zum Grundgesetz, 12 Aufl. 2011.

SK: Systematischer Kommentar zur Strafprozessordnung und zum Gerichtsverfassungsgesetz, hrsg. von H.-J. Rudolphi et al., Band 3: §§ 137-197, 4. Aufl., 2011.

Sarstedt, Werner: Gebundene Staatsanwaltschaft?, NJW 1964, 1752.

Schäfer, Gerhard: Die Praxis des Strafverfahrens, 6. Aufl., Stuttgart etc. 2000.

Schmidt, Eberhard: Rechtsauffassung der Staatsanwaltschaft und Legalitätsprinzip, MDR 1961, 269.

Schmidt, Eberhard: Zur Rechtsstellung und Funktion der Staatsanwaltschaft als Justizbehörde, MDR 1964, 629, folgend 718.

Schmidt, Eberhard: Deutsches Strafprozessrecht, Göttingen 1967.

Schmidt, Eberhard: Lehrkommentar zur Strafprozessordnung und zum Gerichtsverfassungsgesetz, Teil II, 1957; Nachtragsband I, 1967.

Schmitt, Rainer: Zur Frage der Bindung der deutschen Staatsanwaltschaft bei ihren rechtlichen Entschließungen an eine "ständige" oder "feste" höchstrichterliche Rechtsprechung, (Zürich) 1967.

Schroeder, Friedrich-Christian/Verrel, Torsten: Strafprozessrecht, 5. Aufl, München 2011.

Schroers, Jochen: Zur Frage der Offenlegung von Entscheidungsvorgängen bei staatsanwaltlichen Abschlußverfügungen, in: Festschrift für E. A. Wolff, Berlin etc. 1999, S. 459–479.

Schumacher, Ulrich: Kontinuität und Diskontinuität im Strafverfahrensrecht, Köln 1987.

Schünemann, Bernd: Der Richter im Strafverfahren als manipulierter Dritter? Zur empirischen Bestätigung von Perseveranz- und Schulterschlußeffekt, StV 2000, 159.

Schünemann, Bernd: Die Hauptverhandlung im Strafverfahren, StraFo 2010, 90.

Stahl, Rainer: Die Bindung der Staatsgewalten an die höchstrichterliche Rechtsprechung, Bern/Frankfurt a. M. 1973.

Stern, Klaus: Das Staatsrecht der Bundesrepublik Deutschland, Band I, 2. Aufl. 1984; Band II, 1980.

Volk, Klaus: Grundkurs StPO, 7. Aufl., München 2010.

Woesner, Horst: Rechtsstaatliches Verfahren in Saatsschutzsachen, NJW, 533.

Wohlers, Wolfgang: Entstehung und Funktion der Staatsanwaltschaft, Ein Beitrag zu den rechtshistorischen und strukturellen Grundlagen des reformierten Strafverfahrens, Berlin 1994.

Zimmermann, Holger P.: Freiheit und Gebundenheit der Staatsanwaltschaft bei der Anklageerhebung, München 1988.

Zippelius, Reinhold: Allgemeine Staatslehre, Politikwissenschaft, 16. Aufl., München 2010.

Abkürzungen

Die Abkürzungen richten sich nach dem Kirchners „Abkürzungsverzeichnis der Rechtssprache", 6. Aufl. 2008. Eine Gesetzesabkürzung bezeichnet immer das deutsche Gesetz, wenn im Rahmen der Rechtsvergleichung nicht auf die Schweiz, Österreich oder auf sonst ein Land ausdrücklich hingewiesen wird.

§ 1. Die Grundproblematik und der Gang der Untersuchung

I. Ausgangspunkt: Die Bindung der Staatsanwaltschaft an die (ständige) Rechtsprechung

Die seit etwa 50 Jahren in der Bundesrepublik heftig diskutierte Frage der Bindung der Staatsanwaltschaft an die höchstrichterliche Rechtsprechung bei der Strafbarkeitsbewertung der Tat wird gerne als eine der umstrittensten Fragen des deutschen Strafverfahrens hervorgehoben.[1] Sie wird selten als ein Problem in der Praxis der Strafverfolgung artikuliert und ist deshalb ausschließlich in diesem Sinne als nebensächlich oder „klein" zu verstehen. In der Sache stellt sie sich freilich in jedem Ermittlungsverfahren, sobald die Staatsanwaltschaft eine Strafbarkeitsbewertung vornimmt. Möchte man eine Bindung verneinen oder bejahen, so bleibt das nicht ohne Bedeutung für die Beurteilung der Verfahrensstruktur insgesamt.

Die Frage der Bindung stellt sich in doppelter Hinsicht: zum einen wird gefragt, ob die Staatsanwaltschaft, wenn sie eine Tat entgegen der früheren Rechtsprechung als strafbar erachtet, unter dem Einwand der eigenen Strafbarkeitsüberzeugung, ermitteln und anklagen darf; zum anderen stellt sich auch umgekehrt die Frage, ob die Staatsanwaltschaft eine im Prisma der bisherigen Rechtsprechung strafbare Tat trotz eigener Überzeugung von der Nicht-Strafbarkeit weiterverfolgen und gegebenenfalls anklagen muss.

---

1 Vgl. LR[26]-*Kühne,* Einleitung, Rn. J/24; LR[26]-*Graalmann-Scherer,* § 170, 26; LR[25]-*Rieß,* Einleitung, Rn. 26; LR[26]-*Franke,* vor § 141 GVG, Rn. 17; *Radtke/Hohmann,* § 170, 6; *Heghmanns,* in: Hb zum Strafverfahren, V/13; SK-*Wohlers,* § 170, 32 FN 90; *Hartmann/Schmidt,* Strafprozessrecht, 4. Aufl. 2012, Rn. 93; *Haft/Hilgendorf,* FS StA Schleswig-Holstein, 279, 280; *Schroers,* FS Grünwald, 475; *Roxin,* DRiZ 1997, 114.

II. Ausarbeitung der Grundproblematik: Die Befugnis der Staatsanwaltschaft zur autonomen Strafbarkeitsbewertung der Tat und weitere Gesichtspunkte

Die jetzt nur grob umrissene Problematik wird im Schrifttum, aber auch in der Rechtsprechung, mit verschiedener Topoisierung und mit unterschiedlichem Feingefühl behandelt, ohne dass man darauf besteht, an der fremden Meinungsäußerung inhaltlich nicht vorbei zu reden.

Der Bundesgerichtshof hat in seiner Entscheidung BGHSt 15, 155 die Frage *obiter* erörtert und vor allem auf das Kriterium der *festen* höchstrichterlichen Rechtsprechung bestanden: Besteht eine feste Rechtsprechung zum rechtlichen Gewand der Staatsschutzdelikte, so darf sich die Staatsanwaltschaft mit einer eigenen Rechtsansicht über diese Rechtsprechung nicht hinwegsetzen und unter dem Einwand der eigenen Strafbarkeitsbewertung das Verfahren einstellen bzw. eine Anklage unterlassen.

Bei dieser spezifischen Problematik könnte es sich jedoch nur um praktische Zuspitzung einer viel tiefer greifenden Fragestellung handeln, nämlich ob die Staatsanwaltschaft überhaupt zur autonomen (eigenständigen, eigenverantwortlichen, eigensinnigen) rechtlichen Bewertung der Tat berufen ist. So liest man bei manchen Autoren, wie *Achenbach*, über die Frage nach der Bindung der Staatsanwaltschaft an „eine ständige oder gefestigte höchstrichterliche Rechtsprechung“ denkrichtig als über einen Unterfall der Frage, ob die Staatsanwaltschaft die „rechtlich zweifelhaften Fragen“ überhaupt „eigenverantwortlich“ entscheiden soll.[2]

Die Grundfrage nach der autonomen Strafbarkeitsbewertung tritt zwar besonders deutlich hervor, wenn sich die Rechtsansicht der Staatsanwaltschaft der Ansicht der ständigen Rechtsprechung gegenüberstellen möchte. Dies darf freilich nicht darüber hinwegtäuschen, dass sich die verwandte Frage auch beim Fehlen der Rechtsprechung[3] – man denke etwa an einen neuen Tatbestand oder an einen neuartigen Sachverhalt, etwa im Bereich der Computer-/Informationstechnologie – stellt: kommt es darauf an, wie die Staatsanwaltschaft die Strafbarkeit der Tat bewertet oder kommt

---

2 AK-*Achenbach*, § 170, Rn. 11, 12.

3 Vgl. schon *Eb. Schmidt*, Lehrkommentar, Nachtragsband I, 1967, 259 (Rn. 9).

es auf die (antizipierte) Rechtsauffassung/Strafbarkeitsüberzeugung der Rechtsprechung an.

Dieser Problemsachverhalt lässt sich noch weiter aufspalten. Man kann die antizipierte Rechtsauffassung des zuständigen Gerichtes faktisch oder normativ verstehen, oder abstrakt über die Stellungnahme der Rechtsprechung als eines Präferenzensystems nachdenken. Schließlich lässt sich das Problem ganz anders betrachten, nämlich aus der Sicht der Rollenverteilung im Strafverfahren. Dann wirft sich folgende Frage auf: kommt es darauf an, dass die tätige Staatsanwaltschaft die Strafbarkeit der Tat beurteilt oder eher darauf, dass die zweifelhafte Rechtsfrage *vor* und *von* dem Gericht ausgearbeitet und entschieden wird.

An zahlreichen Stellen erwecken verschiedene Ausdrucksweisen den Eindruck, dass etwas anderes gemeint sein könnte, obwohl es sich tatsächlich nur um eine andere – korrekte oder irreführende – Sprachpräferenz der Autoren handelt. Dass z. B. die *ständige Rechtsprechung* etwas verschiedenes meinen kann als die *gefestigte Rechtsprechung*, liegt sprachlich nahe; die zwei Ausdrücke werden jedoch im Diskurs, teilweise auch ausdrücklich, gleichgestellt.[4] Andere meinen, schon mit dem Ausdruck „höchstrichterliche Rechtsprechung" denselben Sachverhalt ausgedrückt zu haben.[5] Ähnliche Schwankungen sind auch bei anderen Diskurselementen zu verzeichnen. Die Figur der *Bindung* an die Rechtsprechung, wird gerne mit der Begrifflichkeit der *Präjudizien* ausgetauscht, was sachlich irreführend sein kann.[6] Außerdem wird die Bindung bald streng im Sinne eines Gefolgschaftsverhältnisses oder, ähnlich wie erwähnt, im Sinne einer Präjudizienwirkung des Urteils verstanden;[7] bald aber frei, wie etwa, wenn man die Bindung

4 Vgl. etwa SK-*Wohlers*, § 170, 32: „ständige bzw. gefestigte Rechtsprechung"; vgl. auch AK-*Achenbach*, § 170, 12: „ständige oder gefestigte höchstrichterliche Rechtsprechung".

5 So anscheinend *Eb. Schmidt*, Lehrkommentar, Nachtragsband I, § 152/9; auch der BGH spricht an einer Stelle synonym von der „höchstrichterlichen Rechtsprechung", wenn er die sonst als „feste höchstrichterliche Rechtsprechung" bezeichnete Rechtsprechung meint (BGHSt 15, 155, 160).

6 So vor Allem bei *Kühne*, Strafprozessrecht, 8. Aufl. 2010, Rn. 144; *Krey*, Strafverfahrensrecht I, 1988, Rn. 342; *Arend*, Die Bindung der StA, 1993; *Joecks*, Praxis des Steuerstrafrechts, 1998, 113.

7 Vgl. *Binding*, Grundriß des dt. Strafprozeßrechts, 5. Aufl. 1904, 191.

an die herrschende Meinung komparativ zuzieht.[8] Ein Potenzial, Missverständnisse zu erzeugen, enthält auch die geläufige Bezeichnung des *gebundenen Subjektes*. Spricht man von der Bindung der Staatsanwaltschaft, so lässt man leicht die psycho-soziale Faktoren der Handlung in dieser Behörde außen vor. Stellt man andersrum, wie teilweise der BGH[9], auf den Staats*anwalt* und seine Tätigkeit ab, so kann man im Schatten seines juristischen Berufsbildes leicht den Akzent der jedem Staatsanwalt durch die Stellung seiner Behörde bzw. der Staatsanwaltschaft die nach StPO vermittelte Rolle übersehen.

In der folgenden Untersuchung werden alle diese sprachlich-sachlichen Nuancen nicht etwa desavouiert und ignoriert, sondern vielmehr in vollem Bewusstsein hingenommen. Von einer rhetorisch-analytischen Systematisierung ohne Bezug zur Förderung der Untersuchung wird abgesehen.

III. Gliederung der Untersuchung

Das erste Anliegen ist alle Standpunkte zu dokumentiert, und zwar genau wie sie *äußerlich* vertreten werden (§ 2). – Die wichtigen Topoi der Diskussion werden dann herausgehoben und gesondert im § 3 untersucht. Die Eckpfeiler-Argumente in der Literatur und in der Rechtsprechung werden erörtert und bis zur Stichhaltigkeit durch- und weitergedacht oder abgewiesen (alles in § 3). – Besondere Aufmerksamkeit wird dann der Argumentationsgrundlage gewidmet, bzw. der Herausarbeitung der übergreifenden Interpretationsplattformen, die eine oder andere Ansicht gedeihen lassen und den einen oder den anderen Autor zu einem Argument und Standpunkt leiten, oder „verleiten“. Es geht um das Vorverständnis von der Staatsanwaltschaft und ihrer Tätigkeit sowie um rechtsmethodologische Vorverständnisse (dies im § 4). – Im darauf folgenden Abschnitt wird dann die Problematik systematisch-synthetisch verfolgt. Dabei werden die bereits entwickelten, von Missverständnissen im § 3 befreiten Punkte (Eckpfeiler-Argumente), aber auch kleinere Argumente, deren Tragwei-

8 S. etwa *Krey/Pföhler*, NStZ 1985, 145, 151.
9 BGHSt 15, 155, 158, 159.

te ad hoc geprüft wird, einbezogen (dies alles im § 5). – Schließlich wird im Sinne einer praxisrelevanten Stellungnahme eine Zusammenfassung ausgearbeitet (§ 6).

§ 2. Der Meinungsstand

I. Überblick

Hier wird lediglich ein erster Überblick über die verschiedenen Standpunkte im Sinne einer praktischen Stellungnahme angestrebt. Diese werden nach ihrem ersten bzw. äußeren Gewand aufgezeichnet. – Es geht darum, die vertretenen Standpunkte so, wie sie von ihren Verfechtern selbst ausgeführt werden, zu dokumentieren, obwohl es ersichtlich ist, dass Sprachgebrauch oder ausgewählter Denkmodus („ständige/gefestigte/feste Rechtsprechung"; „höchstrichterliche Rechtsprechung"; „Präjudizien"; „rechtliche Beurteilung") eigentlich oft für einen breiteren bzw. den Gesamtsachzusammenhang stehen. *Ersichtlich* ist dies vor allem daran, dass der ganze Problemkreis thematisch in den systematischen Werken, wie Lehrbüchern oder Kommentaren, in der Regel nur unter einem der genannten, inhaltlich jedoch in der Sache verschiedenen Denkansätze ausgearbeitet wird.

1. Die Frage wird zumeist im Gewand der Bindung der Staatsanwaltschaft an die *ständige/feste/gefestigte* (höchstrichterliche) Rechtsprechung erörtert.

a) Der BGH bejaht die Bindung;[10] so auch ein großer Teil des Schrifttums.[11] Zu dieser Meinung sind *im Ergebnis* auch jene Autoren hinzuzählen, die

---

10 BGHSt 15, 155; ebenso OLG Zweibrücken, NStZ 2007, 420.

11 KMR-*Plöd*, (2006), § 170, 5; KK-*Schmid*, § 170, 6; HK-*Gercke*, § 152, Rn. 14; AnwK-*Walther*, § 170, 6; Graf-*Gorf*, § 170, 6; *Beulke*, Strafprozessrecht, 12. Aufl. 2012, Rn. 90; *Brodag*, Strafverfahrensrecht, 12. Aufl. 2008, Rn. 65; *Gössel*, Strafverfahrensrecht, 1977, 42 f.; *Hartmann/Schmidt*, Strafprozessrecht, 4. Aufl. 2012, Rn. 93 (S. 32); *Kleszczewski*, Strafprozessrecht, 2007, Rn. 94, 91 ff.; *Krey*, Strafverfahrensrecht I, 1988, Rn. 355, 342 ff.; vgl. auch *Krey*, Deutsches Strafverfahrensrecht I, 2006, 149 ff.; *Kühne*, Strafprozessrecht, 8. Aufl. 2010, Rn. 144; *Otto/Bosch*, Übungen im Strafrecht, 7. Aufl. 2010, 409; *Peters*, Strafprozess, 4. Aufl. 1985, 167 [a. A. in 2. Aufl. 1966, 144]; *Putzke/Scheinfeld*, Strafprozessrecht, 4. Aufl. 2012, Rn. 60; *Ranft*, Strafprozessrecht, 3. Aufl. 2005, Rn. 242; *Roxin/Arzt/Tiedemann*, Einführung, 5. Aufl. 2006, 125 (Praxis-feststellend); *Schröder/Verrel*, Strafprozessrecht, 5. Aufl. 2011, Rn. 64; *Volk*, Grundkurs StPO, 7. Aufl. 2010, Rn. 12/5; *Lüttger*, GA 1957, 193, 211 ff. (mit einer wesentlich weiteren Auffassung);

eine allgemeine Bindung der Staatsanwaltschaft an die rechtlichen Gesichtspunkte der Gerichte bejahen (dazu *2.a)*.

b) Die Gegenmeinung, nach der die Staatsanwaltschaft bei der Strafbarkeitsbewertung *nicht* an die *ständige* Rechtsprechung gebunden ist, wird ebenfalls stark in den Kommentaren und auch in Einzelschriften und Lehrbüchern vertreten.[12]

2. Ein anderer Teil des Schrifttums blendet das Kriterium der „Ständigkeit" aus, und überprüft die Bindung an die rechtlichen Gesichtspunkte der Rechtsprechung überhaupt, also auch etwa an die vereinzelten Entscheidungen.

a) Eine Bindung nicht etwa an die ständige Rechtsprechung, sondern an die Gesichtspunkte der Rechtsprechung überhaupt, und somit auch an vereinzelte Entscheidungen, bejahen vor allem *Karl Schäfer* und *Meyer-Goßner,* aber auch weitere Autoren.[13]

b) Dem widerspricht eine ebenso beachtliche Zahl von Autoren, die eine so formulierte Bindung verneinen.[14] Zu beachten ist, dass *Schmid* im Karlsruher Kom-

Dünnebier, JZ 1961, 312; *Woesner,* NJW 1961, 533, 535; Meyer-Ladewig, AcP 161 (1962), 97, 113 ff.; *Krey/Pföhler,* NStZ 1985, 145, 150 f.; anscheinend im Ergebnis auch: LR[26]-*Franke,* vor § 141 GVG, Rn. 18; *Kissel/Mayer,* § 146 GVG, Rn. 5; vgl. noch hier die Aufzählung unter *2 a.*

12 LR[26]-*Graalmann-Scherer,* § 170, 26; ebenso LR[26]-*Kühne,* Einleitung, Rn. J/24; AK-*Achenbach,* §170, 12; SK-*Wohlers,* § 170, 32, Radtke/Hohmann-*Kretschmer,* § 170, 6; *Fezer,* Strafprozeßrecht, 2. Aufl. 1995, Rn. 2/33; *Hellmann,* Strafprozessrecht, 2. Aufl. 2006, Rn. 66; *Roxin/Schünemann,* Strafverfahrensrecht, 27. Aufl. 2012, Rn. 9/14; *Rüping,* Das Strafverfahren, 1997, Rn. 69; *G. Schäfer,* Die Praxis des Strafverfahrens, 6. Aufl. 2000, Rn. 41; *Schmitt,* Zur Frage der Bindung, 1967; *Arndt,* NJW 1961, 1615, 1616 f.; *Sarstedt,* NJW 1964, 1752; *Roxin,* DRiZ 1969, 385, 387; *Bottke,* GA 1980, 298 ff.; *Bloy,* JuS 1981, 427, 428; *Roxin,* DRiZ 1997, 109, 114 ff.; *Kretschmer,* Jura 2004, 452, 453 ff.; ohne eigenen Standpunkt, anscheinend die Stellung von BGH favorisierend *Kindhäuser,* Strafprozessrecht, 3. Aufl. 2013, Rn. 5/16 ff.

13 LR[24] - *K. Schäfer,* Einl. Kap. 13, 41; *Meyer-Goßner,* § 141 GVG (!), Rn. 11; *Eb. Schmidt,* Lehrkommentar II, 1957, 469, Rn. 20 (unten); *Pfeiffer,* § 170, 1; *Schlüchter,* Das Strafverfahren, 2. Aufl. 1983, Rn. 61.3–5, 62, 64 (!); *Lüttger,* GA 1957, 193, 213; *Foerster,* Transfer, 2008, 50 FN 24; *Nüse,* JR 1964, 281 ff., 284 f.; *Nowakowski,* Gutachten, 1964.

14 SK-*Wohlers,* § 170, 32; KK-*Schmid,* § 170, 7; AK-*Achenbach,* §170, 11; *Heghmanns,*

mentar ausdrücklich eine Bindung an einzelne Entscheidungen verneint, während er die Bindung an die ständige Rechtsprechung bejaht.[15] Andersherum wird bei *Wohlers* im Systematischen Kommentar ausdrücklich sowohl eine Bindung an Einzelentscheidungen als auch eine Bindung an die gefestigte Rechtsprechung verneint.[16]

3. Nur vergleichsweise wenige Autoren greifen die Problematik unter dem Topos der Kompetenz (Zuständigkeit) der Staatsanwaltschaft auf, eine eigene rechtliche Auffassung über die Strafbarkeit der Tat durchzusetzen. Theoretisch ist die Stellungnahme hierzu wichtig, weil diese Frage die Basis der Problematik betrifft; praktisch wird dies interessant, wenn man bedenkt ob die Staatsanwaltschaft bei von der Rechtsprechung noch nicht entschiedenen Rechtsfragen diese selbst beantworten kann, oder bei Zweifeln, oder sogar bei einer bloßen Vermutung einer Strafbarkeitsmöglichkeit den Fall durch die Anklage dem Gericht vorzeigen muss. Die Autoren, die diese Frage erörtern, bejahen grundsätzlich die Befugnis der Staatsanwaltschaft, autonom rechtliche Fragen zu beantworten.[17]

4. Getrennt wird die Frage erörtert, ob beim umgekehrten Fall, wenn nämlich die Staatsanwaltschaft eine Tat anders als vorher die Gerichte für strafbar erachtet, eine Verfolgung zulässig ist oder nicht. Diese Möglichkeit wird der Staatsanwaltschaft durchgehend eingeräumt, und zwar sowohl

---

in: Hb zum Strafverfahren, Rn. V/11; *Bottke*, GA 1980, 298 ff.; *Schroers*, FS E.A. Wolff, 459, 475 f.; ebenso in allen einschlägigen Dissertationen: *Schmitt*, Zur Frage der Bindung, 1967; *Gabriel*, Ist die StA gebunden, 1969; *Koppenfels*, Die Bindung der StA, 1969; *Stahl*, Die Bindung der Staatsgewalten, 1973, 169 ff.; *Zimmermann*, Freiheit und Gebundenheit, 1988, 99 ff.; *Arend*, Die Bindung der StA, 1993.

15 KK-*Schmid*, § 170, 6; so auch *Krey/Pföhler*, NStZ 1985, 145, 151.

16 SK-*Wohlers*, §170, Rn. 32; so auch *Bottke*, GA 1980, 298 ff., 311.

17 LR[26]- *Graalmann-Scherer*, § 170, 25; KMR-*Plöd*, (2006), § 170, 5; AK-*Achenbach*, § 170, 11; *Heghmanns*, in: Hb zum Strafverfahren, Rn. V/11; *Lüttger*, GA 1957, 193, 213 f.; *Eb. Schmidt*, MDR 1961, 269, 272; *Gabriel*, Ist die StA gebunden, 1969; *Koppenfels*, Die Bindung der StA, 1969; *Stahl*, Die Bindung der Staatsgewalten, 1973, 169 ff; *Zimmermann*, Freiheit und Gebundenheit, 1988, 99 ff.; *Arend*, Die Bindung der StA, 1993; mehr oder weniger *e contrario* zur Bindungsthese: *Arndt*, NJW 1961, 1615, 1616; *Bottke*, JuS 1981, 427, 428; *Roxin*, DRiZ, 1997, 109, 114 ff.

von Autoren, die eine etwaige Bindung bei rechtlicher Qualifikation ablehnen[18], als auch bei denen, die eine solche Bindung explizit bejahen.[19] – Zu dieser Frage herrscht also, zumindest im Ergebnis, kein Streit.[20]

Lässt man die hier unter Nr. 4 aufgezeichneten Stellungnahmen zur Frage ob die Staatsanwaltschaft eine Tat, die die bisherige Rechtsprechung als nicht strafbar bewertet hat, verfolgen und gegebenenfalls anklagen darf, bei Seite, so ist festzuhalten, dass es keine *herrschende Meinung* gibt. *Wohlers* geht im Systematischen Kommentar davon aus, dass die h. M. im Anschluss an die Entscheidung des BGH die Bindung an die höchstrichterliche Rechtsprechung bejaht,[21] meint jedoch sobald es ihm darum geht seine eigene Meinung zu untermauern, dass die Bindung „mit der in der Literatur überwiegenden Auffassung [...] insgesamt abzulehnen [ist]".[22] Dies dürfte auf die Erklärung der Figur der herrschende Meinung aufdrängen; es genügt jedoch festzuhalten, dass tatsächlich beide Standpunkte heute als herrschend bezeichnet werden.[23] Es fehlt also eine herrschende Meinung zu der Frage, welche Meinung in dieser Auseinandersetzung die herrschende ist.[24]

18 Dies sowieso, vgl. LR[26]- *Graalmann-Scherer,* § 170, 25; AK-*Achenbach,* § 170, 12; *Hellmann,* Strafprozessrecht, 2. Aufl. 2006, Rn. 65.

19 *Meyer-Goßner,* § 141 GVG, Rn. 11; LR[24]- *K. Schäfer,* Einl. 13, 39; KK-*Schmid,* § 170, Rn. 7; KMR-*Plöd* (2006), § 170, 5; HK-*Gercke,* § 152, 14; AnwK-*Walther,* § 170, 6; Graf-*Gorf,* § 170, 6.2; *Beulke,* Strafprozessrecht, 12. Aufl. 2012, Rn. 89; *Brodag,* Strafverfahrensrecht, 12. Aufl. 2008, Rn. 65; *Gössel,* Strafverfahrensrecht, 1977, 43; *Hartmann/Schmidt,* Strafprozessrecht, 4. Aufl. 2012, Rn. 93.; *Klesczewski,* Strafprozessrecht, 2007, Rn. 95; *Krey,* Deutsches Strafverfahrensrecht I, 2006, Rn. 153; derselbe, Strafverfahrensrecht I, 1988, Rn. 357 ff.; *Putzke/Scheinfeld,* Strafprozessrecht, 4. Aufl. 2012, Rn. 61; *Ranft,* Strafprozessrecht, 3. Aufl. 2005, Rn. 243; *Schlüchter,* Das Strafverfahren, 2. Aufl. 1983, Rn. 61.4; *Volk,* Grundkurs StPO, 7. Aufl. 2010, § 12/5; *Nowakowski,* Gutachten, 1964, 39.

20 A.A. vereinzelt nur *Kühne,* Strafverfahrensrecht, 8. Aufl. 2010, Rn. 143: nach seiner Ansicht lohnt es sich wegen der Stigmatisierung auch in diesem Fall die Hauptverhandlung zu unterlassen.

21 SK-*Wohlers,* § 170, 32; ebenso *Kissel/Mayer,* § 146 GVG, Rn. 5.

22 SK-*Wohlers,* § 170, 33.

23 Herrschend soll der Nicht-Bindungs-Ansatz nach LR[26]-*Franke,* vor § 141 GVG, Rn. 17; *Beulke,* Strafprozessrecht, 12. Aufl. 2012, Rn. 90; *Kindhäuser,* Strafprozessrecht, 3. Aufl. 2013, § 5/17; *Roxin/Schünemann,* Strafverfahrensrecht, 27. Aufl. 2012, Rn. 9/14, sein.

24 Es „herrscht Streit" – *Hartmann/Schmidt,* Strafprozessrecht, 4. Aufl. 2012, Rn. 93.

II. Rechtstatsächliche Erhebung

In Rahmen ihrer Dissertation hat *Arend* die Stellung der Staatsanwaltschaft zur Bindungsproblematik empirisch in den Reihen der Staatsanwaltschaft Koblenz, Staatsanwaltschaft Düsseldorf, und Bundesanwaltschaft untersucht, und zwar durch schriftliche Enquete, subsidiär durch Interview.[25]

Die Untersuchung ist schon wegen der nicht völlig klaren Vorgehensweise, der beschränkten Teilnahme und der verallgemeinerten Ergebnissen nur mit Vorsicht aufzunehmen. 23 von 38 Staatsanwälten hätten gemeint, dass sie sich im Rahmen der Entscheidung nach § 170 I StPO in ihrer Karriere noch nie mit einer von ihnen nicht geteilten höchstrichterlichen Rechtsansicht befassen mussten.[26] Die Staatsanwälte aus Koblenz haben sich schriftlich geäußert, und gemeint, dass sie in der Praxis bei Meinungsabweichungen den eigenen Rechtsansichten folgen.[27] Den Staatsanwälten in Düsseldorf und bei der Bundesanwaltschaft erschienen die Fragen zu sensibel, sodass sich nur einige und zwar nur mündlich geäußert haben. Sie verhalten sich, solange eine Rechtsprechung gefestigt ist, aber auch bei einzelnen Präjudizien, rechtsprechungskonform.[28]

III. Das ältere Schrifttum

Aus der formellen Betrachtung könnten auch die älteren Stellungnahmen, und das heißt hier vor allem jene, die vor der Reformdiskussion nach dem 2. Weltkrieg und besonders vor der Entscheidung BGHSt 15, 155 erarbeitet waren, in das oben angeführte Schemata eingegliedert werden. Jedoch hat das ältere Schrifttum nicht nur eine andere normative Lage (§ 168 RStPO) und eigene Sorgen und Motive, sondern insgesamt eine kondensierte Auffassung zur Problematik, die die genommenen Stellungnahmen teilweise mehr als emotionale oder ideologische Folgerungen denn als

25 *Arend,* Die Bindung der StA, 1993, 15 ff.
26 *Arend,* 16.
27 *Arend,* 16 f.
28 *Arend,* 17 f.

rationale Meinungen erscheinen lässt. Aus diesem Grund wird das ältere Schrifttum in der folgenden Untersuchung *gesondert* behandelt.

Auch im älteren Schrifttum lassen sich zwei in dem Grundgedanken opponente Meinungen verzeichnen: „Alle (...) auftauchende(n) Fragen prüft und entscheidet die Staatsanwaltschaft in eigenem Ermessen nach bestem Wissen und Gewissen. Sobald aber dabei Zweifel sich ergeben, hat sie zu erwägen, dass die Untersuchung und Entscheidung des Falles doch in letzter Linie Sache der Gerichte ist, denen sie daher in einigermaßen zweifelhaften Fällen nicht vorgreifen darf. Sie hat also in solchem Fall immer noch für Erhebung der öffentlichen Klage sich zu entschließen: in dubio pro duriose (sic!)" – so *Birkmeyer, Kries, Dohna* und *Löwe*[29], gemäßigt auch *Stenglein*[30]. Eine entgegengesetzte Auffassung vertraten *John* und kategorisch *Beling*.[31] Auch *Binding* hat sich im großen Stil gegen der Auffassung gewandet die Staatsanwaltschaft habe sich „auf den Boden der durch die Rechtsprechung festgestellten Praxis (...) im Zweifel aber auf den strengeren, die Strafbarkeit (...) bejahenden Standpunkt zu stellen".[32] Er meinte jedoch sogleich nach diesem Protest: „Nur wenn sie die Frage der Straffälligkeit für wirklich zweifelhaft erachtet, ist sie zur Klage verpflichtet".[33]

Eine Sonderstellung verdient die Stellungnahme von *Eberhard Schmidt*, da sie zeitlich und in der Sache die Zuspitzung der Frage in den 60-er Jahren des 20. Jahrhunderts erahnen lässt. *Eberhard Schmidt* hat im zweiten Band seines Lehrkommentars die Auffassung vertreten, dass, wenn wegen der ständigen Rechtsprechung des BGH die Verurteilung „sicher zu er-

---

29 *Birkmeyer*, Deutsches Strafprozeßrecht, 1898, 588 f.; *Kries*, Lehrbuch des Deutschen Strafprozeßrechts, 1892, 483 f.; *Dohna*, Das Strafverfahren, 1913, 141; *Löwe*, Die Strafprozessordnung, 10. Aufl. 1900, § 168/5; auch *Hippel*, Der deutsche Strafprozess, 1941, 482 FN 5.

30 Letzterer zitiert bei *John*, Strafprozessordnung, 1888, 404.

31 *John*, Strafprozessordnung, 1888, 404 ff.; *Beling*, Dt. Reichsstrafprozessrecht, 1928, 139.

32 So wird seitens *Binding* das Lehrbuch von *Kries* zitiert.

33 *Binding*, Grundriss des Deutschen Strafprozessrechtes, 1904, 191. Sein Zusatz ist vielleicht so zu verstehen, dass der Staatsanwalt bei hartnäckigen, schwer lösbaren Fragen und nicht etwa bei den durch andere Auffassungen hervorgerufenen argumentativen Zweifeln anklagen soll (vgl. *Eb. Schmid*, MDR 1961, 269, 270). Zu Bindings Auffassung s. auch *Koppenfels*, Bindung der StA, 1969, 8 f.

warten" ist, die Staatsanwaltschaft zu einer Anklage verpflichtet ist.[34] Aber auch die „zweifelhaften Rechtsfragen" wird die Staatsanwaltschaft nach dieser Ansicht von *Schmidt* „der Entscheidung des Gerichts anheimstellen müssen".[35] Seine Überzeugung schwankt jedoch, weil er gleich danach meint: „Anklage also geboten; jedenfalls ratsam".[36] Interessant ist jedoch, dass diese ganze Stellungnahme *Schmidts* mit der ersten Hälfte seines Absatzes im Lehrkommentar schwer vereinbar ist, steht dort ausdrücklich: „für die Staatsanwaltschaft als Justizbehörde sind ihre eigenen, selbstverantwortlich gewonnenen Rechtsauffassungen maßgebend; Präjudizien binden sie nicht. Dass aus ihrer Weisungsgebundenheit zu folgern sei, sie dürfe sich von der 'herrschenden Meinung' nicht entfernen, vermag ich KMR § 170, Nr. 2b nicht zuzugeben, selbst wenn unter 'herrschender Meinung' nur die des BGH angesehen werden sollte". Zu beachten ist, dass beide Meinungen durch Zitieren des KMR-Kommentars aufgebaut werden – die erste durch einen „Vergleiche"-Hinweis, die andere durch Kritik. – In den Nachträgen zum Kommentar wird dann der ganze Absatz gestrichen und mit einem neuen ergänzt, in dem eine Bindung an die ständige Rechtsprechung verneint wird und insgesamt eine freundliche Stellungnahme zur autonomen Strafbarkeitsbewertung durch die Staatsanwaltschaft eingenommen wird.[37]

IV. Beispiele

Bei der kleinen empirischen Untersuchung von *Arend* (s. oben § 2, Teil III, S. 37), haben die Staatsanwälte in Koblenz gemeint, dass sie vor allem bei der Auslegung des Nötigungstatbestandes (§ 240 StGB) und des Tatbandes der Beleidigung (§ 185 StGB) geneigt waren, von höchstrichterlicher Rechtsprechung abzuweichen.[38] Berichtet wurde aus der staatsanwaltlichen

34 *Eb. Schmidt,* Lehrkommentar II, 1957, 469, Rn. 20.

35 *Eb. Schmidt,* Lehrkommentar II, 1957, 469, Rn. 20.

36 *Eb. Schmidt,* Lehrkommentar II, 1957, 469, Rn. 20; vgl. die selbstkritische Äußerung im MDR 1961, 269, 273.

37 *Eb. Schmidt,* Lehrkommentar, Nachtragsband I, 1967, 294 (zu Nr. 20); und im Ergebnis auch *Eb. Schmidt,* Deutsches Strafprozessrecht, 1967, Rn. 67.

38 *Arend,* Die Bindung der StA, 1993, 16.

Praxis auch von den bewussten Abweichungen von der Rechtsprechung bei der Bestimmung des inzwischen historischen Begriffes der unzüchtigen Kunst (§ 184 StGB a.F.).[39]

Es lassen sich unendlich viele Beispiele denken. Aus dem Besonderen Teil etwa, ob die unterlassene Hilfeleistung beim Suizidversuch (§ 323c StGB) strafbar ist, wie es der BGH behauptet, indem er den Suizidversuch als „Unglücksfall" i.S.v. § 323c einordnet, oder nicht strafbar, wovon in der Lehre die herrschende Meinung ausgeht.[40] Würde man mit der herrschenden Meinung und entgegen dem BGH nichtige Ansprüchen nicht als Vermögenswerte anerkennen, so würde man etwa die Strafbarkeit eines Berufskillers, der sich die Prämie zahlen lies, jedoch keine Absicht hatte, den Auftrag auszuführen, wegen des Betrugs (§ 263 StGB), anders als BGH, verneinen.[41]

Auch Bestimmungen und Institute des Allgemeinen Teiles bleiben konkretisierungsbedürftig, und lassen Raum für verschiedene rechtliche Bewertungen, etwa in Bezug auf die Fahrlässigkeit einer Handlung oder die Unvermeidbarkeit eines Verbotsirrtums.

In einem anspruchsvolleren von *Kretschmer* aufgestellten Fall hatte der Täter sein Opfer mit einem Werkzeug bis zur Bewusstlosigkeit geschlagen, und sodann das Auto des Opfers ohne Zueignungsabsicht weggenommen. Die Rechtsprechung würde hier eine Erpressung annehmen, weil sie keine Vermögensverfügung bei dem einschlägigen Tatbestand fordert (§§ 255, 250 II 1 StGB). Die Gegenansicht würde im Ergebnis lediglich auf die Strafbarkeit wegen Nötigung (§ 240), gefährlicher Körperverletzung (§ 224), und unbefugten Gebrauchs eines Fahrzeugs (§ 248b) abstellen. Relevant wird dieses auf den ersten Blick unproblematischen Beispiel, wenn man wie *Kretschmer* zusätzlich annimmt, dass die Tat vor 13 Jahren begangen wurde. Dann hätten die Gegner der Auffassung vom BGH das Verfahren wegen Verjährung einstellen müssen (§ 78 III 2, 3 StGB).[42]

---

39 *Koppenfels*, Die Bindung der StA, 1969, 3.

40 *Krey*, Deutsches Strafverfahrensrecht I, 2006, Rn. 149.

41 *Hartmann/Schmidt*, Strafprozessrecht, 4. Aufl. 2012, Rn. 93.

42 *Kretschmer*, JURA 2004, 452, 453.

§ 3. Streituntersuchung 1
(Argumente im Einzelnen)

In diesem Abschnitt werden die aufgebotenen Argumente dokumentiert, kritisch überprüft und gegebenenfalls weitergebildet. Anschließend im § 4 werden getrennt die grundlegenden Vorverständnisse verdeutlicht. Durch die so gewonnene logische und juristische Stichhaltigkeit der einzelnen Argumente wird es möglich sein, der Grundproblematik der Untersuchung systemtisch nachzugehen.

I. Die Stellungnahme der Rechtsprechung

Zur Frage der Bindung der Staatsanwaltschaft an die ständige höchstrichterliche Rechtsprechung hat der 3. Strafsenat des Bundesgerichtshofs *obiter* die Stellung in einem Urteil vom 23.09.1960, BGHSt 15, 155, genommen.[43] Rhetorisch wurde das Urteil, wenn auch nicht rekonstruktiv sondern nach Redeformen, detailliert durch *Haft* untersucht.[44]

Die Entscheidung ist nicht so zu verstehen, dass das Problem vom Gericht umfassend bearbeitet wurde, und dass sich die Stimmen in der Literatur lediglich der Ansicht des BGH anschließen, oder mit eigenen Gründen eine klar umrissene Gegenposition einnehmen. Die Entscheidung war vor allem ein wichtiger Anstoß für die Diskussion[45], die in ihrer Feinheit und Strebigkeit die BGH-Entscheidung übertroffen hat.

Trotzdem verdient die Entscheidung BGHSt 15, 155 eine besondere Erwähnung, weil jede Stellungnahme des höchsten Gerichts, wenn auch als *obiter dictum*, ein wichtiger Referenzpunkt ist.

Es ging um einen Staatschutzfall; der BGH hat Sorge geäußert, dass sich bei der Staatsanwaltschaft die Tendenz abzeichnet, entgegen seiner ständigen Rechtsprechung die Verfolgung einiger Staatschutzdelikte auf

---

43 Wesentlich detaillierter als in BGHSt-Sammlung, sind die Angaben zum Sachverhalt in der NJW 1960, 2346.

44 *Haft*, Juristische Rhetorik, 8. Aufl. 2009, 176–190.

45 LR[24]-*K. Schäfer*, Einl. 13, 36.

grund eigener rechtlichen Auffassungen zu unterlassen. Dies verstößt nach der Ansicht des BGH gegen das *Legalitätsprinzip*.

Die Argumentation weist eine wellenartige Struktur auf, in der einzelne Argumente, teilweise assertorisch, in drei Stößen wiederholt werden. Diese sind: (1) durch Einbeziehung der eigenen rechtlichen Überlegungen, die der festen höchstrichterlichen Rechtsansicht widersprechen, durchbricht die Staatsanwaltschaft das Legalitätsprinzip. (2) Dadurch wird auch die Gleichheit vor dem Gesetz „beseitigt" und (3) die Einheit der Rechtsanwendung „zerstört". (4) Die Gewaltenteilung würde man außer Acht lassen, „weil die Frage, ob ein Verhalten strafbar ist, dann nicht mehr von höchstrichterlicher Gesetzesanwendung abhinge, sondern von der Rechtsansicht der jeweiligen Anklagebehörde".[46] (5) Dem Gericht gebührt gerade eine Anwartschaft, über die Strafbarkeit zu entscheiden: „Der Staatsanwalt ist nicht in dem Sinne Gesetzeswächter, dass ihm ein gesetzliches Recht zustünde, den Gang der Strafrechtspflege in Einzelfalle oder gar in ganzen Fallgruppen gemäß eigener Gesetzesanschauung zu blockieren und dem Gericht die Prüfung von Rechtszweifeln durch Nichtverfolgung oder Einstellung des Verfahrens vorzuenthalten".[47] Damit würde sich der Staatsanwalt „im Ergebnis, entgegen Art. 92 GG, dem Richter überordnen".[48]

Zum Umfang der Bindung führt BGH aus: „Ist eine Strafvorschrift neu ergangen oder besteht noch keine feste höchstrichterliche Rechtsprechung dazu, so hat die Anklagebehörde an Hand der anerkannten Auslegungsregeln zu prüfen, ob der ermittelte Sachverhalt den Straftatbestand erfüllt und im gegebenen Falle bei Erschöpfung der Rechtsmittel mit Verurteilung zu rechnen ist. Trifft dies zu, so muss die Anklage erhoben werden, es sei denn, dass das Gesetz eine Ausnahme vom Anklagezwang ausdrücklich vorsieht. Bestehen vereinzelte, beiläufige oder einander widersprechende höchstrichterliche Entscheidungen, so sind die darin enthaltenen Gedanken bei der Prüfung zu berücksichtigen. Über feste höchstrichterliche Rechtsprechung darf sich die Anklagebehörde, auch wenn sie ihr nicht beitritt, nicht hinwegsetzen. Die Strafverfolgung von Verbrechen und

46 BGHSt 15, 155, 158.

47 BGHSt 15, 155, 159 f.

48 BGHSt 15, 155, 160.

Vergehen ist, soweit nicht ausdrückliche gesetzliche Ausnahmen bestehen (§ 152 II StPO), gemäß dem Legalitätsgrundsatz gesetzliche Pflicht der zuständigen Behörde."[49]

Das *obiter dictum* in der Entscheidung BGHSt 15, 155, blieb für lange Zeit die einzige bekannte Äußerung der Rechtsprechung zu der Frage der Bindung. Dies verwundert nicht, da sich die Rechtsprechung mit der Frage außer *obiter* nicht befassen kann. Erst im Jahr 2007 nahm das OLG Zweibrücken in einem Klageerzwingungsbeschluss kurz Stellung zur Sache.[50] Es nimmt unmittelbar Bezug auf die Entscheidung BGHSt 15, 155. Erwähnt wird jedoch nur das Legalitätsprinzip als Schlüsselpunkt der Bindung. Anders als der BGH spricht das OLG Zweibrücken von einer „Obliegenheit zur Anklageerhebung", die bereits besteht, wenn die unterschiedliche Bewertung einer Rechtsfrage so geartet ist, dass höchstrichterliche Rechtsprechung widersprüchlich ist.[51]

II. Einzelne Argumente der Rechtsprechung und Wissenschaft – kritische Darstellung nach Topoi

Die Stellungnahme für oder gegen die Bindungsthese lässt sich im Einzelfall als kompliziertes Argumentationsgefüge rekonstruieren, das hier bewusst zerlegt wird, um den Überblick über die stichhaltigen Einwände (Argumente) zu erhalten. Das Ganze mit seinem rhetorischen Wert, geht dabei verloren; es wird für die Möglichkeit, der Frage eigenständig nachzugehen und eine Lösung herauszuarbeiten, preisgegeben.

1. Legalitätsprinzip

Die Sorge um das Legalitätsprinzip war der Anstoß für den BGH, sich *obiter* gegen die eigenverantwortliche Strafbarkeitsbeurteilung durch die Staatsanwaltschaft auszusprechen: Überlässt man es der Staatsanwaltschaft, die rechtliche Bewertung der Strafbarkeit der Tat eigenverantwortlich und

49 BGHSt 15, 155, 158 f.

50 NStZ 2007, 420; besprochen von *Jahn*, JuS 2007, 691.

51 Dies übersieht *Jahn* in seiner Besprechung, JuS 2007, 691, 692.

ggfs. gegen die „Ergebnisse fester höchstrichterlicher Gesetzesanwendung“ vorzunehmen, so durchbricht man dadurch das tragende Prinzip der Legalität, von dem die Ausnahmen im Strafverfahren allein taxativ angeordnet sind.[52]

Gegen die Meinung des BGH erhebt man besonders heute einen einfachen rechtslogischen Einwand: „aus ihm (dem Legalitätsprinzip) folgt nur, dass die Staatsanwaltschaft zur Verfolgung verpflichtet ist, *wenn* ein Verhalten aus Rechtsgründen strafbar erscheint. Es besagt aber nichts darüber, *wer* die Entscheidung über zweifelhafte Rechtsfragen zu treffen hat.“[53] Diese Kritik verkennt jedoch, dass (a) das Legalitätsprinzip in letzten Jahrzehnten einem wichtigen Deutungswandel verfallen ist, und dass (b) trotz eines fehlenden formal-logischen Zusammenhanges immerhin ein „organischer“ Zusammenhang in Frage kommen kann.

a) Die Wandlung des Legalitätsprinzips

Der Bedeutungswandel des Legalitätsprinzips bzw. der Wandel des ihm zugeschriebenen Inhaltes ist oft vorgehoben worden.[54] Es ist kein Spezifikum des Legalitätsprinzips; vielmehr ist es eine allgemeine Eigenschaft der Strafverfahrensprinzipien, die damit in Verbindung zu bringen ist, dass diese früher als Merkmale eines surrealen Verfahrenstyps verstanden waren, später jedoch immer weiter nach der jeweiligen sprachlichen Bezeichnung und inneren begrifflichen Dynamik auszementiert wurden.

Noch im Jahr 1961 lädt *Heyden* das verfahrensrechtliche Legalitätsprinzip offenkundig mit Verfahrenstypvorstellung und der passendenden Rolle der Beteiligten auf: „Das Legalitätsprinzip als Strafverfolgungsprinzip hat

52 BGHSt 15, 155, 158 und 157 ff.

53 LR[26]-*Graalmann-Scherer,* § 170, 27; so auch Radtke/Hohmann-*Kretschmer,* § 170, 6; AK-*Achenbach,* § 170, 12 (ohne Erklärung); *Roxin/Schünemann,* Strafverfahrensrecht, 27. Aufl. 2012, Rn. 9/14; *Gabriel,* Ist die StA gebunden, 1969, 165 ff., 168 ff.; *Zimmermann,* Freiheit und Gebundenheit, 1988, 104 f.; *Bloy,* JuS 1981, 427, 428; *Bottke,* GA 1980, 298, 302 f.; *Roxin,* DRiZ 1997, 109, 115; *Kretschmer,* JURA 2004, 452, 453; annäherungsweise auch *Eb. Schmidt,* MDR 1961, 269, 272.

54 *Erb,* Legalität und Opportunität, 1999, 23 ff.; *Marquardt,* Die Entwicklung des Legalitätsprinzips, 1982, 12 ff.

den Zweck, dass jeder Verbrecher vor den Richter kommt und von diesem beurteilt werden kann".[55] Und weiter: „Legalitätsprinzip bedeutet: Verpflichtung der Strafverfolgungsbehörden, die Strafverfolgung aufzunehmen und fortzuführen, solange der Verdacht, einer strafbaren Handlung vorliegt und die im betreffenden Stadium des Verfahrens erforderlichen Prozessvoraussetzungen gegeben sind."[56] *Heyden* war sich dieser spezifischen Aufladung bewusst, sodass er streng zwischen dem Legalitätsprinzip als *Strafverfolgungsprinzip* einerseits und dem Legalitätsprinzip im Sinne eines Rechtsanwendungsprinzips (bei ihm: *staatsrechtliches Legalitätsprinzip)* andererseits unterscheidet.[57] Das Opportunitätsprinzip, das sich durch Ermessen auszeichnet, steht im Gegensatz zum staatsrechtlichen Legalitätsprinzip und erst mittelbar zum verfahrensrechtlichen Legalitätsprinzip.[58]

Im Jahr 1982 erkennt *Marquardt* immer noch klar, dass das Legalitätsprinzip in der Strafverfahrenswissenschaft nicht eine gerade Ausprägung des staatlichen (bei ihm: „öffentlich-rechtlichen") Legalitätsprinzips ist.[59] Er spricht von einer „zusätzliche Befrachtung des Wortsinnes", wodurch dem Prinzip „ein materialer Gehalt zugeordnet wird"[60]. Und tatsächlich: versteht man das Legalitätsprinzip als „Anklagezwang" oder „Verfolgungszwang"[61], so ist damit über eine Regel der Rechtsanwendung auch die ideologische Vorstellung vom Wert dieses Prinzips, von seiner Verfahrensgestaltungskraft miteingeflossen. Es ist konsequent, wenn *Marquardt* dann für die „Entideologisierung" des Begriffes und seine Gleichstellung mit dem formellen staatsrechtlichen Legalitätsprinzip plädiert[62], was dann auch im Schrifttum geschah. Die geläufige Beladung des Legalitätsprinzips mit anderen Kriterien und Konnotationen, schreibt er einem irrationalen Verhältnis zu.[63]

---

55 *Heyden,* Begriff, Grundlagen und Verwirklichung des Legalitätsprinzips, 1961, 7.
56 *Heyden,* 3.
57 *Heyden,* S. 9, 10, Punkt 4.
58 *Heyden,* 13.
59 *Marquardt,* Die Entwicklung des Legalitätsprinzips, 1982, 8 ff., 12 ff.
60 *Marquardt,* 13.
61 Vgl. *Jeutter,* Sinn und Grenzen des Legalitätsprinzips, 1976, 5 ff.
62 *Marquardt,* 14.
63 *Marquardt,* 12.

Erst in der neueren Literatur wird das Legalitätsprinzip vornehmlich strikt als Rechtsanwendungsprinzip definiert.[64] Von dieser Auffassung gehen offenkundig auch die Kritiker der für diese Untersuchung einschlägigen BGH-Entscheidung aus, wenn sie formal-logisch richtig meinen, dass ein als Anwendungsprinzip gemeintes Legalitätsprinzip, zwar eine Bindung an das Gesetz bedeutet, jedoch an sich offen lässt, wer über den Inhalt des Gesetzes entscheiden soll.[65] Das Legalitätsprinzip in diesem Schluss ist jedoch anders gemeint als beim BGH.

Die ältere Literatur betrachtet das Begriffspaar Legalitäts-/Opportunitätsprinzip nicht etwa wie eine schaukelartige Handlungsmöglichkeit (z.B.: ohne Ermessen/mit Ermessen), sondern denkt zugleich zwei verschiedenen Prozesstypen in der Gesamtheit ihrer rechtlichen-kulturellen und staats-gesellschaftlichen Bedeutung mit. Das Legalitätsprinzip hat also eine *organische* Bedeutung, die seine Aussagekraft multipliziert (dazu sogleich unter *b)*).

Ein vergleichbares Phänomen der Aufladung mit der zusätzlichen Bedeutung und der Bedeutungswandlung findet man auch beim Offizialprinzip vor, da man früher oft unterstellt hat, dass aus diesem Prinzip das Legalitätsprinzip folge.[66]

Somit unterstellte man dem Offizialprinzip, nicht nur eine Kompetenzregelung, nach welcher (nur) die Behörden berufen sind einzuschreiten, sondern zugleich, eben weil es die Behörden sind, auch den Aussagewert, dass die Behörden einschreiten müssen. Das Prinzip der materiellen Wahrheit wurde mit dem Inquisitionsprinzip vermengt.[67]

b) Der organische Zusammenhang

Der organische Zusammenhang des Legalitätsprinzips mit einem vermeintlichen Prinzip, dass die Staatsanwaltschaft nicht zur autonomen

---

64 *Erb,* Legalität und Opportunität, 1999, 23 ff., 29 ff., 66 f.; *Döhring,* 1999, passim; wohl auch *Pott,* Die Außerkraftsetzung der Legalität, 1996, 3 f., 4 ff.; *Deiters,* Legalitätsprinzip und Normgeltung, 2006, 3 ff.

65 So die Kritik bei LR[26]- *Graalmann-Scherer,* § 170, 27; Radtke/Hohmann-*Kretschmer,* § 170, 6; *Roxin/Schünemann,* Strafverfahrensrecht, 27. Aufl. 2012, Rn. 9/14. S. oben FN 53.

66 Vgl. *Heyden,* Begriff, 1961, 18.

67 *Heyden,* 19.

Strafbarkeitsbeurteilung befugt ist, und insbesondere mit der Sicht, dass die Staatsanwaltschaft der Weiterentwicklung der ständigen Rechtsprechung mit einer Klage zu verhelfen hat, ergibt sich aus dem historischen Kontext der Entscheidung des Gesetzgebers für das Legalitätsprinzip im § 152 II StPO.

Der dem Gesetzgebungsverfahren folgenden Auseinandersetzung um das Legalitäts- und Opportunitätsprinzip ging es vor allem um die Sorge, dass die mit Freiheit (Ermessen) befähigte Staatsanwaltschaft den Gerichten, und damit einer Verurteilung, wichtige Fälle entziehen würde. Das Legalitätsprinzip war nur eine juristische Lösung, ein Werkzeug, von dem man sich erhofft hat, mit ihm diesen befürchteten Missstand verhindern zu können. Ein beachtlicher Teil der Wissenschaftler und Praktiker hat für eine andere „systemkonvergente" Lösung plädiert. Man erhoffte sich nämlich die Einführung einer subsidiären Popularklage oder eines allgemeinen, jedem Antragsteller (vgl. § 171 StPO) zugänglichen Klageerzwingungsverfahrens.

Diese Lösungsspannung ist latent schon bei der Entwicklung des partikularen Strafverfahrensrechts zum Ausdruck gekommen. In Baden wurde eine für die Verfolgung aller Straftaten zuständige Staatsanwaltschaft durch die StPO vom 6. 3. 1845 an das Opportunitätsprinzip gebunden; sie erhielt jedoch kein Anklagemonopol. Mit der folgenden badischen StPO vom 18.3.1864 erhielt die Staatsanwaltschaft in Baden dann das Anklagemonopol, wurde jedoch gleichzeitig an das Legalitätsprinzip gebunden.[68]

Die Spannung verlief quer durch die Vorbereitungsarbeiten und die Beratung der RStPO. *Marquardt* hat nachgezeichnet, dass die am Ende erfolgte Entscheidung des deutschen Gesetzgebers für das Legalitätsprinzip insgesamt durch den am 1. Deutschen Juristentag von Rechtsanwalt *Lewald* gestellten Antrag angestoßen war, der Juristentag möge entscheiden, ob er der rechtlichen Überzeugung sei, dass jedem Privatbeteiligten die Erhebung der Anklage zu gestatten ist, wenn sich die Staatanwaltschaft ihr verweigert.[69]

---

68 *Marquardt,* Die Entwicklung des Legalitätsprinzips, 1982, 25 f.
69 *Marquardt,* 39 ff.

Der sogenannte Entwurf I und Entwurf II der RStPO, beide aus dem Jahr 1873, kannten ein dem heutigen § 152 II StPO vergleichbares Bekenntnis zum Legalitätsprinzip nicht. Auch nicht eine ausdrückliche Bekennung zum Opportunitätsprinzip. Jedoch hatte die Regierung die Vorstellung, dass das Verfahren nach dem Entwurf I und II vom Opportunitätsprinzip geprägt ist.[70] Dies stand im Gegensatz zu dem vom 2. Deutschen Juristentag im Jahr 1861 bevorzugten Legalitätsprinzip, das nach dem Juristentag auch große Anerkennung in der Wissenschaft genossen hat.[71] Und trotzdem wurden die Entwürfe der RStPO nicht etwa in Hinsicht der Entscheidung für das Opportunitätsprinzip angegriffen. Vielmehr wurde das Anklagemonopol der Staatsanwaltschaft kritisiert.[72] Man hat verlangt, ohne dass das Opportunitätsprinzip angetastet wurde, eine allgemeine, also nicht nur dem Verletzten zustehende subsidiäre Popularklage.[73]

Für unsere Betrachtung ist das weitere Schicksal der Beratung der RStPO von größter Bedeutung. Der 12. Deutsche Juristentag in Nürnberg, im Jahr 1875, hat das Problem erneut aufgegriffen. Der Gutachter *Holtzendorf* hat sich zur Durchbrechung des Anklagemonopols und Einführung der subsidiären Popularklage bekannt. Hinsichtlich des Legalitätsprinzips blieb er „bei seiner früher deutlich gewordenen Auffassung, dass das Legalitätsprinzip eine doktrinäre, praktisch nicht zu kontrollierende Maxime sei, bei deren gesetzlichen Verankerung die Staatsanwaltschaft dennoch nach dem Opportunitätsprinzip verfahren würde".[74] Dieser Meinung hat sich im Ergebnis auch der Juristentag angeschlossen.[75]

Die Lösung der Systemspannung wurde durch den Entwurf III der RStPO aus dem Jahr 1874 vorweggenommen, in welchem der § 134 eine der heutigen Bestimmung des § 152 II StPO vergleichbare Verankerung des Legalitätsprinzips enthielt. Trotzdem gab es Versuche der Abgeordneten, *anstelle* des vorgeschlagenen Legalitätsprinzips das Opportunitätsprinzip mit der Möglichkeit einer subsidiären Popularklage durchzusetzen, „um

70 *Marquardt*, 46 f.
71 *Marquardt*, 41 ff, 39 f.
72 *Marquardt*, 47 f.
73 *Marquardt*, 48.
74 *Marquardt*, 48 f.
75 *Marquardt*, 49

die Möglichkeit einer unterschiedslosen Strafverfolgung zu geben, ohne diese in die Hände der mit Misstrauen betrachteten Staatsanwaltschaft zu legen".[76]

Der Gedanke wurde erneut nach dem In-Kraft-Treten der RStPO aufgenommen, als man sich unter dem Legalitätsprinzip über eine „Strafwut" und „stillosen Strafeifer" der an das Legalitätsprinzip gebundenen Staatsanwaltschaft beklagte. Es gab zahlreiche Vorschläge und teilweise Regierungsentwürfe, das Legalitätsprinzip aufzugeben und gegebenenfalls eine subsidiäre Privatklage zu gestatten.[77]

Bedenkt man nach diesem sachlich knappen, jedoch leider textuell langem Überblick, für welchen „Sorgenkomplex" das strafverfahrensrechtliche Legalitätsprinzip als Lösung steht, und bedenkt man vor allem, dass dieses Prinzip als Maxime der staatsanwaltlichen Stellung im Verfahren verstanden war, und nicht, wie heute, als schlichte Rechtsanwendungsregel, so wird es ersichtlich, dass die Entscheidung des deutschen Gesetzgebers für das Legalitätsprinzip im Ganzen als eine Entscheidung für die Automatisierung der Staatsanwaltschaft zu verstehen ist – als ein Versuch ihre Handlungs- und Ausweichmöglichkeiten im Hinsicht der Verfolgung bzw. Einstellung soweit wie möglich zu verengen. Mit diesem Sinnzusammenhang wurde das Legalitätsprinzip zusätzlich beladen, als man, entgegen dem Vorschlag der Justizkomission, und erst nach der zweiten Lesung im Reichstag, eben hinsichtlich des Legalitätsprinzips von einem popularen Klageerzwingungsverfahren abgesehen, und einen Anspruch auf das Klageerzwingungsverfahren nur dem Verletzten zugesprochen hat.[78]

Der Zusammenhang ist im einschlägigen *obiter dictum* der BGH 15, 155 ersichtlich, heißt es dort: „Die Strafverfolgung [...] gemäß dem Legalitätsprinzip (ist) gesetzliche Pflicht der zuständigen Behörde. Ohne sie wäre das Anklagemonopol der Staatsanwaltschaft unberechtigt".[79]

Das Legalitätsprinzip war also als Ausdruck einer breiteren organischen Vorstellung zu verstehen, nach der die Staatsanwaltschaft gesetzlich so zu

76 *Marquardt,* 50 f., 58.
77 *Marquardt,* 64, 60 ff.
78 *Marquardt,* 57 f.
79 BGHSt 15, 155, 159.

steuern war, dass sie so wenig wie möglich den Gerichten entziehen konnte.[80] Konsequent hat dann z.B. *Liebehentze* gemeint, dass Legalitätsprinzip „die Pflicht der Staatsanwaltschaft und damit der einzelnen Behörde (bedeutet), jede gegen eine materiellrechtliche Strafrechtsnorm verstoßende Handlung zur strafgerichtlichen [sic!] Verfolgung zu bringen“.[81] Aus dieser Perspektive erscheint eine Befugnis der Staatsanwaltschaft, autonom mit den möglichen verfahrensgestalterischen Folgen die Strafbarkeit der Tat zu würdigen und gegebenenfalls mit einer gegenüber der festen höchstrichterlichen Rechtsprechung abweichenden rechtlichen Qualifikation das Verfahren einzustellen, (ebenso) als inakzeptabel. Sie ließe sich nur unter Voraussetzung vertreten, dass man dem Legalitätsprinzip seine Geltung im Strafverfahren aberkennen würde.

c) Abschließende Würdigung

Meint der BGH, dass eine autonome, von der festen höchstrichterlichen Rechtsprechung abweichende Strafbarkeitsbewertung der Tat durch die Staatsanwaltschaft mit dem Legalitätsprinzip nicht in Einklang zu bringen ist, so ist dies formell falsch, solange man unter dem Legalitätsprinzip eine konditionale Operierung der strafbegründenden Gesetze versteht. Teleologisch, also nach der Zweckrichtung, widerspricht jedoch ein solches Verfahren der Staatsanwaltschaft der *Entscheidung* des Gesetzgebers *für* das Legalitätsprinzip, mit ihrem geschichtlichen und damit auch zweckausprofilierten Hintergrund. Deswegen bezeichnet wohl auch *Eberhard Schmidt* die Verknüpfung der Bindungsfrage „mit Sinn und Bedeutung des Legalitätsprinzips“ als „völlig zutreffend“,[82] obgleich er sich gegen die Stellung des BGH sogleich kritisch äußert.

In dieser Sicht würde eine freie Strafbarkeitsbewertung durch die Staatsanwaltschaft dem um das Legalitätsprinzip ausgebauten normativen Regelstrafverfahren nach § 152 II StPO widersprechen.

---

80 So auch *Klesczwski*, Strafprozessrecht, 2007 Rn. 94.

81 *Liebenhentze*, Opportunitätsprinzip und Legalitätsprinzip in England, 1971, 1, jedoch unter Anlehnung an § 150 II StPO a.F.; s. dazu *Gabriel*, Ist die StA gebunden, 1969, 167 f.

82 *Eb. Schmidt*, MDR 1961, 269.

2. Gewaltenteilungsproblematik

a) Die Aufschlussfähigkeit des Gewaltenteilungsprinzips

Das Gewaltenteilungsprinzip hat man bekanntlich in Anlehnung an *Montesquieu* lange so verstanden, dass es drei grundsätzliche Formen der Staatstätigkeit *gibt* (Staatsfunktionen) und dass jede jeweils gesonderten Trägern (Organen) zugeteilt werden muss.[83] Diese klassische Ansicht, möge sie nach wie vor zum festen Bewusstsein der Allgemeinheit und auch der juristischen Fachwelt gehören, wird in der modernen Staatsrechtslehre allein als historisches Ideenerbe erörtert, und sonst als zu grob, zeitaltersspezifisch und veraltet angesehen.[84]

Es besteht eine Dauergefahr, dass die Staatslehre und das Staatsrecht zum Zweck der Rechtfertigung der eigenen Meinung in anderen Teilgebieten des Rechts überfordert werden. Dies erfolgt in dem Sinne, dass man sich, anstatt die Bemühung zu unternehmen, die Ansätze und Bedenken der Staatslehre und des Staatsrechts zu durchdringen, mit einer unsystematischen und rein äußerlichen Übernahme der für den eigenen Standpunkt günstigen Ideen und ausformulierten Ansätze begnügt. Diese werden dann als Topoi der normativ überlegenen Staatsrechtswissenschaft hineingebracht und ohne Bezug zu den im Staatsrecht entwickelten und anerkannten Denkweisen und Kritiken weitergedacht und ausgenützt. Oft mit Ergebnissen, die die Staatsrechtler selbst wahrscheinlich als amüsant

---

83 Besonders umfangreich *Stern,* Staatsrecht II, 516 ff. Im Ergebnis hat man sich in der Staatslehre, gerade als man sich auf Montesquieu berufen hat, seine Ansicht stark verfremdet und idealisiert (s. *Stern,* a.a.O., sowie v. Mangoldt/Klein/Starck-*Sommermann*, Art. 20 GG, Rn. 210).

84 *Hesse,* Grundzüge des Verfassungsrechts, 20. Aufl. 1999, Rn. 481 ff.; *Maurer,* Staatsrecht I, 6. Aufl. 2010, Rn. 12/1 ff., 12/20; *Stern,* Staatsrecht II, 513 ff., 546 ff.; Die Kommentarliteratur zum Staatsrecht ist ebenso informativ, weist jedoch, anders als die Strafrechtsdogmatik, stärkeren Bezug zu positiven Regelungen als die Lehrbücher auf: siehe besonders v. Mangoldt/Klein/Starck-*Sommermann*, Art. 20 GG, Rn. 197 ff.; v. Münch/Kunig-*Schnapp,* Art. 20 GG, Rn. 56 ff.; *Sachs,* Art. 20 GG, Rn. 82 ff.; Schmidt-Bleibtreu/Hofmann/Hopfauf-*Hofmann,* Art. 20 GG, Rn. 55 f.;; sonst noch Dreier-*Schulze-Fielitz,* Art. 20 GG (Rechtsstaat), Rn. 67 ff., 76 ff.; *Kloepfer,* Staatsrecht I, 2011, § 10, 44 ff., 48, 55 ff.

empfinden würden. Es wird vor allem übersehen, dass die Staatsrechtslehre und die allgemeine Staatslehre mit so großen institutionellen Bausteinen arbeiten, dass ohne argumentativen Missbrauch eine Antwort auf die Frage nach der Zuordnung *einer einzelnen* Aufgabe im Strafverfahren keinem Gedanken der Staats(rechts)lehre unmittelbar entnommen werden kann.[85]

Vom Standpunkt der geläufigen, verabsolutisierten Vorstellung über die Gewaltenteilung erscheint die in der Staatsrechtslehre geführte Diskussion als verwirrend. Nicht nur in Bezug auf *Montesquieu,* sondern auch allgemein heißt es immer wieder bei bekannten Staatsrechtlern: „Der Grundsatz der Gewaltenteilung ist kein Dogma von naturrechtlichen-zeitloser Geltung, sondern ein geschichtliches Prinzip".[86] Damit wird gemeint, dass, entgegen dem weit verbreiteten Vorurteil, der Gewaltenteilung kein fester, deduktionsfreundlicher Inhalt und kein Wert an sich zukommt; sie hat eine praktische Funktion im Rahmen der Staatsorganisation zu erfüllen und ist letztendlich nicht als vorhanden oder nicht vorhanden, sondern als gelungen oder nicht gelungen im Verhältnis zur ungestörten und optimalen Funktion des Staatswesens zu beurteilen. Es kommt bei der Organisation der staatlichen Gewalt nicht darauf an, die Gewaltenteilung nach einem im Voraus ideell ausgefertigten Muster, wie etwa nach dem Muster von *Montesquieu,* streng auszuführen, sondern darauf, ein *sinnhaftes Staatsgefüge* zu schaffen, in dem die Klugheitselemente die bloße Trennungsvorstellung der Gewalten und gegebenenfalls ihre Kontrolle weit überschreiten.[87] Die alte Gewaltenteilunglehre von *Montesquieu* rechtfertigt sich im reellen Substrat der politischen Kräfte jener Zeit. *Montesquieu* wollte mit seinem Prinzip kein ewiges Schema schaffen, sondern lediglich dem „Gesichtspunkt der Vertretung oder Repräsentation der unterschiedlichen politischen Kräfte(n)" genüge tun. Es waren die „real-politischen Verhältnisse" der erwünschten nachabsoluten Monarchie, die auch in der Gewaltenteilung auf Kaiser und Reichstag als Ständevertretung im Deutschen Reich, oder auf Senat und Konsuln im antiken Rom, als Idee zum Ausdruck gebracht sind.[88]

---

85 Vgl. etwa die breite der Sicht bei *Kloepfer,* Staatsrecht I, 2011, § 10, 61; *Hesse,* Grundzüge des Verfassungsrechts, 20. Aufl. 1999, Rn. 488, 493.

86 *Hesse,* Grundzüge des Verfassungsrechts, 20. Aufl. 1999, Rn. 481.

87 *Hesse,* Rn. 492 f.

88 *Maurer,* Staatsrecht I, 6. Aufl. 2010, Rn. 12/7 ff., 20.

Bei dem Gewaltenteilungsprinzip kommt es aus der Sicht der modernen Staatsrechtslehre nicht darauf an, dass irgendwelchen ideellen Identitäten Gewalt zugewiesen wird (Judikative, Exekutive, Legislative), noch weniger darauf, dass eine quasiontologische funktionale Aufteilung aufgespürt wird. Es kommt lediglich darauf an, dass die Gewalt im Staat überhaupt sinnvoll aufgeteilt wird, und zwar soweit es nötig ist, dem Machtmissbrauch vorzubeugen und sinnhaftes staatliches Handeln zu ermöglichen. Es kommt der modernen Gewaltenteilungslehre, neben der Teilung und gegenseitigen Kontrolle der Gewalt, auch auf alle jene Gesichtspunkte an, die die geordnete Gewalt in der Gesellschaft dispensieren, den Machtmissbrauch hindern und damit ein sinnhaftes funktionstüchtiges staatliches Gefüge schaffen: auf die entwickelte kommunale Selbstverwaltung, auf das Bundesstaatsprinzip, auf die starke Stellung der politischen Opposition, auf das Mehrparteiensystem, auf die Verfassungsgerichtsbarkeit, auf das Berufsbeamtentum, auf die strenge Unterscheidung von Staat und Gesellschaft, auf die ausgeprägte öffentliche Meinung usw.[89]

Aus dem praktischen Anliegen, ein sinnhaftes und tüchtiges Staatsgefüge zu schaffen, folgert die moderne Staatsrechtslehre die Auffassung, dass dem Sinn der Gewaltenteilung durch eine grundsätzliche Machverteilung genüge getan ist, „es muss dem Prinzip genügen, wenn ein Organ vorzugsweise eine Funktion wahrzunehmen hat“[90], und dies bedeutet: „keine Funktionsreinheit und Funktionsmonopolisierung“.[91] Auch das Bundesverfassungsgericht geht davon aus, dass der Grundsatz der Gewaltenteilung „nirgends rein verwirklicht (ist)“.[92]

Bei einer so gearteten Auffassung der modernen Staatrechtslehre wird man das Prinzip der Gewaltenteilung als solches nicht als Argument für

89 *Maurer,* Staatsrecht I, 6. Aufl. 2010, Rn. 12/20, *Stern,* Staatsrecht I 794, II 546 ff.; *Zippelius,* Allg. Staatslehre, 16. Aufl. 2010, 244 f., 254 f.; Dreier-*Schulze-Fielitz,* Art. 20 GG (Rechtsstaat), Rn. 76 ff.; v. Mangoldt/Klein/Starck-*Sommermann,* Art. 20 GG, Rn. 197 ff.; v. Münch/Kunig-*Schnapp,* Art. 20 GG, Rn. 57.

90 *Stern,* Staatrecht II, 525.

91 *Stern,* Staatrecht II, 531; *Hesse,* Grundzüge des Verfassungsrechts, 20. Auflage 1999, Rn. 478; Dreier-*Schulze-Fielitz,* Art. 20 GG (Rechtsstaat), Rn. 75; Mangoldt/Klein/Starck-*Sommermann,* Art. 20 GG, Rn. 208 ff.

92 BVerfGE 95, 1, 15; aufschlussreich mit Aufzählung der diversen Entscheidungen, *Hesse,* Grundzüge des Verfassungsrechts, 20. Auflage 1999, Rn. 478.

die Zuordnung der einen oder anderen Kompetenz in speziellen Rechtsgebieten aufnehmen können. Auch die Strafbarkeitsbewertungskompetenz im Strafverfahren lässt sich im Strafverfahrensrecht aus den Bausteinen der Gewaltenteilungslehre nicht deduzieren.

Dem widerspricht das Unternehmen von *Koppenfels* eine wie auch immer geartete Bindung der Staatsanwaltschaft an die Rechtsprechung als einen flagranten Fall der Gewaltenteilungsverletzung aufzufassen.[93] Erlaubt der Gesetzgeber den Gerichten, an einer oder anderer Stelle explizit, die Verwaltung und auch die Staatsanwaltschaft zu einem Akt zu verpflichten, so ist dies keine „Modifizierung des Gewaltenteilungsprinzips" oder die zulässige Durchbrechung, wie *Koppenfehls* weiter meint,[94] sondern, in der Sicht der modernen Staatsrechtslehre, seine unmittelbare Verwirklichung.

Der Staatsrechtslehre geht es um die Vermeidung von Gewaltübermengen wie auch von anderen grundlegenden Organisationsmissständen und nicht etwa darum, eine ideelle Dreiteilung zu erhalten. „Die organisatorische Dreiteilung ist kein Prinzip um ihrer selbst willen oder ihrer Vernünftigkeit willen oder bloß Ausdruck der staatlichen Wirklichkeit, sondern in den Diensten einer höheren politischen Idee, letztendlich der Menschen gestellt", heißt es bei *Stern*.[95]

Es verwundert, dass trotz einem breiten Konsensus im Staatsrecht darüber, dass der klassischen Lehre der Dreiteilung der Staatsgewalt ein real-politisches Substrat heute fehlt, in der Literatur zum Strafverfahren großer Wert darauf gelegt wird, die Staatsanwaltschaft einer „Gewaltform" zuzuordnen. Auch im Bezug zur Bindung an die höchstrichterliche Rechtsprechung und die autonome Strafbarkeitsbewertungskompetenz mangelt es nicht an dem mühsamen Erhoffen, durch eine begriffliche Zuordnung der Staatsanwaltschaft zu der einen oder anderen Gewalt die Lösung vorzufinden.[96] Das Wesen der staatsanwaltlichen und richterlichen Tätigkeit wird aus dem Wesen der rechtsprechenden und vollziehenden Gewalt deduziert und damit aus gedrehter Sicht konstruiert.[97] Jedoch nennt das

93 *Koppenfels,* Die Bindung der StA, 1969, 59.
94 *Koppenfels,* Die Bindung der StA, 1969, 59 f., 61.
95 *Stern,* Staatrecht II, 518.
96 *Gabriel,* Ist die StA gebunden, 1969, 67 ff.
97 Vgl. etwa *Gabriel,* Ist die StA gebunden, 1969, 109 ff.

Grundgesetz selbst die drei Gewaltformen nur *exemplarisch*[98], und außer bei der Rechtssprechungstätigkeit (Art. 92 GG) sind die Aufgaben den Trägern der verschiedenen Gewalten zuweisbar. Trotzdem ist es auch heute im juristischen Stand üblich, die Staatsanwaltschaft einer der drei Gewalten zuzuordnen oder sich über die Nicht-Zuordnenbarkeit zu beklagen, als ob es sich um den größten Missstand handeln würde. Hebt die moderne Staatsrechtsdogmatik hervor, dass das Grundgesetz nur *exemplarisch* die Legislative, Exekutive und Rechtsprechung nennt,[99] so meint *Kühne* trotzdem: „die Staatsanwaltschaft ist ... nicht Teil der rechtsprechenden Gewalt im Sinne des Art. 92 GG. Da ihr auch keine legislative Befugnisse zukommen, ist sie notwendigerweise Bestandteil der Exekutive“![100]

Der pauschale Rückgriff auf Stellen der Staatsrechtslehre ist einmal mit dem Reformkontext der 50er und 60er Jahren des 20. Jahrhunderts und seinem Rekurs auf das neue Verfassungsrecht zu erklären, aber auch damit, dass ein Übergriff auf die Begrifflichkeit des Staatsrechts in „untergeordneten“ Rechtsgebieten, und so auch im Strafverfahrensrecht, gerne benutzt wird, um durch angebliche Notwendigkeiten und Selbstverständlichkeiten der Staatrechtslehre die erwünschten Ergebnisse im anderen Rechtsgebiet zu untermauern. In manchen Fällen entwickelt sich diese Akrobatik zur reinen Begriffsjurisprudenz. Besonders die älteren Autoren sind dazu geneigt, erstmals von einer kategorialen Zugehörigkeit der Staatsanwaltschaft auszugehen (vollziehende Gewalt; Rechtsprechung; Organ der Rechtspflege), und sodann aus dieser Zugehörigkeit gravierende Folgerungen für die Rechtsstellung der Staatsanwaltschaft abzuleiten. So meint *Arndt* zur Auffassung des BGH, dass die Staatsanwaltschaft an die ständige Rechtsprechung gebunden sei, und damit nicht eigene rechtliche Würdigung für die maßgebende halten könne, es sei eine These, „mit der sich das Gericht zu seinem eigenen Anerkenntnis in Widerspruch setzt, die Staatsanwaltschaft sei als Organ der Rechtspflege eine von den Gerichten unabhängige ‘Justizbehörde’“.[101] Diese Überlegung von *Arndt*

98 *Stern,* Staatsrecht II, S. 537; *Hesse,* Grundzüge des Verfassungsrecht, 20. Aufl. 1999, Rn. 486 f.

99 S. FN 98.

100 LR[26]-*Kühne,* Einleitung, Rn. J/55.

101 *Arndt,* NJW 1961, 1615, 1616 f.

zeugt von einer Denkweise, die als begriffsjuristisch bezeichnet werden kann. Geht man davon aus, dass ein Organ unbedingt einer Kategorie zugerechnet werden muss, so besagt die einmalige Zurechnung zur Kategorie nichts Zwingendes über den Inhalt des Aufgabenbereichs des Organs. Vielmehr muss dann auch diese Kategorie selbst dem Organ als solchen angepasst werden.[102]

Dass das Gewaltenteilungsprinzip für die deduktive Zuordnung der einzelnen Aufgabe im Staate auch der Idee nach nicht ausreichend ist, verkennt *Koppenfels* grundsätzlich, wenn er impliziert, dass sich Kompetenzen Verteilung erst subsidiär aus der Verfahrensordnung ergibt und primär aus der Gewaltenteilung.[103]

Andererseits schließt die nur beschränkte Bedeutung des theoretischen Gewaltenteilungsprinzips nicht aus, dass aus der Gewaltenteilungs-Ordnung *des Grundgesetzes* möglicherweise Folgen für die Untersuchung zu ziehen sind. Hinzu kommt noch, dass die *Lehre* von der Gewaltenteilung wichtige Topoi und Gestaltungsprinzipien des Staatswesens entwickelt, die als Konkretisierung des sinnhaften Gewaltenteilungsauftrages zu verstehen sind. Es geht vor allem um die Lehre von der Organadäquanz (sogleich unter d)) und der Kernbereichsschutzlehre (unter e)).

b) Kontrolle

Aus einem wichtigen Topos der Gewaltenteilungslehre kann man versuchen, das Argument für die freie Rechtsstellung der Staatsanwaltschaft herauszuziehen. Die Staatsrechtslehre erkennt, dass die Aufteilung der Gewalt auf verschiedene Träger allein nicht genüge. Vielmehr „kommt es entscheidend darauf an, dass die verschiedenen Teilgewalten durch gegenseitige Einwirkungs- und Kontrollrechte miteinander verzahnt und gebändigt werden“.[104]

102 Zurecht ablehnend *Bloy*, JuS 1981, 427.

103 Vgl. etwa *Koppenfels*, Die Bindung der StA, 1969, 69 und die Reihenfolge seiner Untersuchung.

104 *Hesse*, Verfassungsrecht, 20. Aufl. 1999, 495 f.; *Kloepfer*, Verfassungsrecht I, 2011, § 10/48, 55 ff; *Maurer*, Staatrecht I, 6. Aufl. 2010, Rn. 12/2, 15; *Stern*, Staatsrecht, I 792, II 529 f.; v. Mangoldt/Klein/Starck-*Sommermann*, Art. 20 GG, Rn. 210 ff.

Diese Forderung kann jedoch nur als eine kluge Gestaltungsmöglichkeit verstanden werden, aus welcher nicht direkt folgt, dass etwa jedes Organ mit einer anderen Gewalt und ihren Trägern „verzahnt" werden müsse. Vielmehr soll, aus der Sicht der Staatsrechtslehre, der Verfassungs- und Gesetzgeber die Organe sachlich und rechtlich so einrichten, dass die Missbrauchsgefahren eingedämmt werden. Dabei ist ein wichtiger, jedoch nicht der einzige Aspekt der Gestaltung die gegenseitige Kontrolle. Es geht letztendlich nicht um Kontrolle als solche, sondern um Gewaltenhemmung.[105]

c) Die Gewaltenteilung nach dem Grundgesetz (Art. 20 II, 92)

Nicht aus dem Gewaltenteilungsprinzip, sondern aus der normativen (verfassungspositiven) Zuordnung der Gewalt geht hervor, dass die rechtsprechende Gewalt den Gerichten anvertraut ist.[106] Dies regelt Art. 92 GG. Würde man also in dem einschlägigen Entscheiden der Staatsanwaltschaft nach § 170 I StPO eine Rechtssprechungstätigkeit erblicken, so würde dies gegen Art. 92 GG verstoßen. Es läge etwa nahe, die Einstellungsverfügung der Staatsanwaltschaft wegen der (selbstüberzeugten) Nicht-Strafbarkeit aufgrund des Vergleichs mit einem auf die richterliche rechtliche Überzeugung gegründeten Freispruch, als dubiös zu erachten.

Wie jedoch die Rechtsprechung im Sinne von Art. 92 GG zu verstehen ist, ist äußerst umstritten, und zwar gerade im Verhältnis zum Strafverfahren, dessen sinnhafte Struktur sich nur schwer den vorgeschlagenen Wesensbestimmungen der Rechtsprechung unterstellen lässt. Dass sich die Staatsanwaltschaft durch verschiedene Einstellungspraktiken der voraufgeklärten Rechtssprechungstätigkeit annähert, lässt sich schon daran erahnen, dass in den 60-er Jahren des letzten Jahrhunderts von einer nicht geringen Zahl der Stimmen verlangt wurde, die Tätigkeit der Staatsanwälte insgesamt als Rechtsprechung aufzufassen, und ihnen im Hinblick auf Art. 92 GG eine richtergleiche Stellung anzuerkennen („Postulat staatsanwalt-

105 *Stern*, Staatsrecht II, 518, 529 ff.

106 Im Kontext etwa *Stern*, Staatsrecht II, 543 f.; *Kloepfer*, Staatsrecht I, 2011, Rn. 10/80.

licher Richtergleichheit").[107] Auch in Serbien haben die Staatsanwälte nach den ersten Reformüberlegungen der Regierung, die richterliche Voruntersuchung (Ermittlung) der Staatsanwaltschaft zu überlassen, gemeint, dass damit eine richtergleiche Stellung des Staatsanwalts gut korrespondiert.

Die moderne Staatsrechtslehre hat die Bemühungen um den (materiellen) Rechtsprechungsbegriff weitgehend aufgegeben und zerstreut sich in verschiedenen Teilverfestigungen, wie etwa, dass zur Rechtsprechung i. S. v. Art. 92 GG jedenfalls jede Aufgabe zählt, die ausdrücklich im Grundgesetz der Rechtsprechung anvertraut ist, oder, dass zur Rechtsprechung jede traditionelle Tätigkeit der Gerichte gezählt werde, worunter man vor allem die Zivil- und Strafgerichtsbarkeit verstehen möchte.[108] Teilweise werden auch stark staatsrechtlich-funktionalistische Ansätze vertreten, die zwar als materiell bezeichnet werden, aber sich in dieser Bezeichnung nicht auf den Sinn der Rechtsprechung, sondern auf den Sinn des Rechtsprechungsschutzes des Art. 92 GG beziehen.[109] In der älteren Lehre fehlt es an den materiellen Bestimmungen nicht. Im Wesentlichen machte man zwei Bestimmungen geltend. Einmal gab es viele Versuche, die Rechtsprechung als Entscheidung eines Streites zwischen zwei Parteien durch einen objektiven unparteiischen Dritten zu bestimmen. Den anderen Weg ersah man in dem Element der rechtkräftigen Sachentscheidung, die man nur in Rechtsakten des Gerichts ersehen wollte.[110] Bezüglich der Staatsanwaltschaft führten nach der verbreiteten Auffassung beide Bestimmungen zum Schluss, dass in der Tätigkeit der Staatsanwaltschaft und ihrer Einstellungspraxis keine Rechtsprechungstätigkeit zu ersehen ist.[111]

Es gibt einen besonderen Definitionsweg, den die Lehre nicht nimmt[112], der jedoch dazu führen müsste, die autonome Strafbarkeitsbewertung

107 S. dazu kritisch mit Überblick *Eb. Schmidt* MDR 1964, 629 ff., folgend 713 ff.; s. auch *Wohlers*, Entstehung und Funktion der StA, 1994, 28 ff.

108 Dreier-*Shulze-Fielitz*, Art. 92 GG, Rn. 25 ff.; Sachs-*Detterbeck*, Art. 92 GG, 5 ff.

109 v. Mangoldt/Klein/Starck-*Classen*, Art. 92 GG, Rn. 10; v. Münch/König-*Meyer*, Art. 92 GG, Rn. 15 ff.

110 *Eb. Schmidt*, MDR 1964, 629, 630 f.

111 *Eb. Schmidt*, MDR 1964, 629, 631; zuletzt *Roxin/Schünemann*, Strafverfahrensrecht, 27. Aufl. 2012, Rn. 9/14.

112 Am engsten verwandt ist der staatsrechtliche Ansatz von *Meyer*, v. Münch/König-*Meyer*, Art. 92 GG, Rn. 15 ff.

durch die Staatsanwaltschaft zu rügen. Man kann nämlich davon ausgehen, dass die Aufgabe der Rechtsprechung ist: zu bestimmen, *was rechtens sei.* Da jedoch davon auszugehen ist, dass die Bürger dies oft allein bestimmen können (Privatrecht), und dass auch Beamten und andere Angestellte prinzipiell Recht korrekt verwirklichen können, so verbleibt für die Rechtsprechung *praktisch* die Aufgabe, die Streitigkeiten zu entscheiden. Die Gewalt, Recht zu sprechen, wäre in dieser Sicht an verschiedene Organen in ihren jeweiligen Aufgabenberiech dispensiert, weil man davon ausgeht, dass in den allermeisten Fällen Rechtsfragen auch durch Beamte und andere Angestellte korrekt gehandhabt werden können, und dass eine ständige Hinwendung bzw. Anrufung der Gerichte, die Rechtsentscheidung zu fällen, organisatorisch nicht nur unklug, sondern vernichtend wäre.

Dies müsste aber bedeuten, dass die Bestimmung zur Rechtsprechungsgewalt aus Art. 92 GG in der Sache nicht auf ein *Recht-Sprechungs-Monopol,* sondern auf ein Übergewicht der Gewalt zielt (etwa in Richtung der staatsrechtlichen Kernbereichsschutzlehre), im Sinne, dass es *letztinstanzlich* den Gerichten anvertraut sein muss zu entscheiden, ob etwas rechtens ist oder nicht. Dem würde es etwa entsprechen, wenn *di Fabio* zur Aufgabe der Rechtsprechung schreibt, sie „kontrolliert die staatlichen Gewalten am Maßstab des Rechts umfassend".[113] Die bekannten Versuche, die Rechtsprechung materiell zu definieren, würden sich dann als bloße Denkverkürzungen dieser breiten Vorstellung enttarnen. Denn aus der hier eingenommenen Sicht wird es gerade verständlich, wieso die Rechtsprechung phänomenologisch als Streitentscheidung erscheint, und wieso es vielen um den Moment der Rechtskraft, der letzten Entscheidung geht – eben weil die Rechtsentscheidungen eigentlich dem Gericht gehören und aus Zweckmäßigkeitsüberlegungen im Vertrauen auf andere Organe provisorisch – und dies heißt: solange Akzeptanz besteht – delegiert sind.

Würde man eine so ausformulierte Bestimmung der Rechtsprechung annehmen, so müsste man jeden Fall, in dem der Rechtsprechung die Möglichkeit der rechtlichen Beurteilung durch den Akt eines Organs entzogen wird, als eine Verletzung von Art. 92 GG auffassen. Dem würde man nur dadurch entgehen können, dass man in den Rechtspre-

113 *Di Fabio,* HbStaatsR II, § 27/25.

chungsbegriff des Art. 92 GG einen Moment der Streitlösung hineininterpretiert, und etwa den Standpunkt einnimmt, dass die Rechtsprechung als Gewalt überhaupt nur im Konfliktfall auftreten soll, wobei sich dann die Regelung des Klageerzwingungsverfahrens nach §§ 172 ff. StPO als bedenklich (zu eng) erscheinen würde. – Wichtiger ist es, festzuhalten, dass es einem so gedeuteten Rechtsprechungskernbereich klar entgegenläuft, wenn sich eine Behörde, dort, wo kein Streit besteht oder der Streit nicht dem Gericht vorgelegt wird, den Ansichten der (festen) höchstrichterlichen Rechtsprechung systematisch entgegen setzt. So etwa, wenn ein Generalstaatsanwalt für sein Bundesland die Anweisung gibt, dass ein von der höchstrichterlichen Rechtsprechung mehrmals als strafbar bewerteter Sachverhalt, wegen seiner in der Anweisung niedergelegten Überzeugung von der Nicht-Strafbarkeit nicht zu verfolgen ist.[114]

Dass die Einstellungsverfügung lediglich den Sinn hat, das laufende Verfahren zu beenden, und nicht eine Entscheidung in der Sache zu treffen,[115] entspricht nicht dem lebendem Recht bzw. reellen Sinnverhältnissen im Strafverfahren, aber auch nicht dem § 153a StPO. Es ändert nichts daran, dass die Staatsanwaltschaft dann, soweit sie nicht tätig ist, und eben auch nach der Einstellung, möglicherweise durch Unterlassung dem Recht nicht genügt. Will man, dass die Rechtsentscheidungen der Staatsanwaltschaft letztendlich nur dann überprüfbar sind, wenn ein durch (berechtigte) Interessen, etwa des Verletzten, getragener Streit vorhanden ist, dann passt dies in einer Kulisse des (reformierten) Inquisitionsverfahrens nur schwer. Dies vermag auch die in der Schweiz verbreitete Ansicht erklären, dass es im reformierten Strafverfahren einen Grundsatz *in dubio pro duriore* gibt, der eben besagt, dass im Zweifel die Sache so weit wie möglich in das Verfahren zur Hauptverhandlung hingetrieben werden soll (s. unten § 5, Teil I. 3, S. 113).

Richtigerweise wird man eine Einzelschau von der Gesamtschau unterscheiden müssen. Betrachtet man ein konkretes tatsächliches oder gedachtes Strafverfahren, so lässt sich nicht zwingend behaupten, dass in der Einstellung des Verfahrens durch die Staatsanwaltschaft aus ihrer

---

114 Vgl. zu solchem Fall *Kries*, 1892, 483 FN 1.
115 Grundlegend *Eb. Schmidt*, MDR 1964, 629, 631.

Überzeugung der Nicht-Strafbarkeit ein Verstoß gegen die Gewaltenteilung vorliegt. Aber geht man von einem Gesamtschau der Strafrechtspflege aus und stellt man sich ein Beispiel vor, in dem die Gerichte ein Verhalten durchgehend als strafbar sanktionieren, die Staatsanwaltschaft aber, solange sie nicht zur Klage gezwungen wird, die Tat nicht missbilligt, so bleibt das irgendwie ohne Sinn. Gerade diese Sinnlosigkeit wird im Schrifttum als Verstoß gegen das Gewaltenteilungsprinzip und den Gleichheitssatz artikuliert; teilweise auch als Verbot der Vorenthaltung durch Einstellung[116]. Es entsteht der Eindruck, dass eine auf prozessualen Bedürfnissen und Klugheit der Einzelfallverfolgung aufgebaute Verfahrensordnung, die StPO, den grundlegenden Gedanken der Organkompetenz im Ergebnis umspielen lässt. Diese Deutung würde Art. 92 GG einen im Vergleich zu Art. 19 IV GG zusätzlichen Inhalt verleihen, dessen Sinn nicht in den konkreten Verfahren, sondern in der materiell-rechtstaatlichen Allgemeinheit liegt.

Bei der Einzelschau spitzt sich die Problematik etwa auf die Frage zu, ob Art. 92 GG verletzt ist „wenn die rechtsprechende Gewalt keine Gelegenheit erhält, sich zur Geltung zur bringen".[117] Bei der Gesamtschau geht es jedoch darum, dass sich die Rechtsprechung zumindest durch Bearbeitung der Einzelfälle schon geäußert hat, und dass die daraus zu abstrahierende Rechtsansicht sich gegenüber derjenigen der Staatsanwaltschaft wiedersetzt.

d) Organadäquanz

Die aus dem Gedanken der Staatsgewalt entwickelte Lehre der Organadäquanz besagt, dass die einzelnen Aufgaben jenem Organ zugewiesen werden sollen, von dem sie am besten gehandhabt werden können.[118] *Maurer* schreibt: „Im diesen Sinne stellt das BVerfG fest, die Gewaltenteilung 'ziele auch darauf ab, dass staatliche Entscheidungen möglichst richtig, das heißt von den Organen getroffen werden, die dafür nach ihrer Organisation, Zusammensetzung, Funktion und Verfahrensweise über die

116 Vgl. *Schmitt,* Zur Frage der Bindung, 1967, 32, 40 ff.

117 *Dünnebier,* JZ 1961, 312.

118 *Stern,* Staatsrecht, I 793, II 526, 530, 539 ff.; *Maurer,* Staatsrecht I, 6. Aufl. 2010, § 12/4; *Hesse,* Rn. 482, 488 f.; *Kloepfer,* 2011, § 10/49 ff.; Dreier-*Schulze-Fielitz,* Art. 20 GG (Rechtsstaat), Rn. 71; v. Münch/Kunig-*Schnapp,* Art. 20 GG, Rn. 58.

besten Voraussetzungen verfügen' [BVerfGE 68, 1]. Diese tatsächlichen und rechtlichen 'Voraussetzungen begründen – wie klarstellend hinzuzufügen ist – keine Zuständigkeiten, können aber zur ergänzenden Auslegung der verfassungsrechtlichen Zuständigkeitsregeln herangezogen werden."[119]

Der Gedanke lässt sich als eine Klugheitsregel leicht verfestigen. Ginge es nur um Funktionstüchtigkeit im Sinne der Organfertigkeit, so könnte man schwer bestreiten, dass sich die Gerichte um Rechtsfragen am besten kümmern können.[120] Als Kenner des Rechts werden die Gerichte in Deutschland auch größten Sachkennern übergeordnet, wie dies an verschiedenen Stellen der Verwaltungstätigkeit, besonders des Aufsichtsrechts, ersichtlich wird. Wenn *Bloy* meint, seine Anschauung, die Staatsanwaltschaft sei berufen, die Strafbarkeit autonom zu beurteilen, mit dem Hinweis zu bekräftigen, dass es nicht nur auf die Rechtsansichten des Gerichts, sondern auch auf die der Staatsanwaltschaft ankommen soll,[121] so ist es nicht ersichtlich, wieso es der Staatsanwaltschaft andersrum offen gelassen werden sollte, die Partnerschaft aufzubrechen und durch Einstellung des Verfahrens doch allein über die Strafbarkeit der Tat zu entscheiden, und damit das Gericht, das über die stärkste Organadäquanz verfügt, auszuschalten.

Stern plädiert im Rahmen der Adäquanzlehre für „durchsichtige und rationale, d.h. funktions- und organadäquate(n) Kompetenzordnungen".[122] Die Organisation soll „funktionsklar" und „funktionsgerecht" sein, durch Trennung der Funktionen und Organe erreiche man „Richtigkeit, Klarheit, Sicherheit, Verantwortlichkeit und Legitimation".[123] Hier wird wiederum ersichtlich, dass die Staatsrechtslehre die Kompetenzordnung aus großer Ferne beobachtet. Jedoch könnte es auch diesem Gedanken – möchte man ihn verallgemeinern –, entgegenlaufen, dass man bei der Strafbarkeitsbeurteilung der Tat für eine Gesamtkompetenz oder Parallelkompetenz der Staatsanwaltschaft und des Gerichts plädiert (dazu in diese Abschnitt, Teil II. 5, S. 74).

---

119 *Maurer,* Staatrechts I, 6. Aufl. 2010, Rn. 12/4.

120 S. *Nowakowski,* Gutachten, 1964, 36 f. Dies bestreitet etwa *Lüttger,* GA 1957, 193, 215, mit dem verfehlten Argument, dass so etwas „nicht bewiesen" ist.

121 *Bloy,* JuS 1981, 427, 428.

122 *Stern,* Staatsrecht II, 530

123 *Stern,* Staatsrecht I, 793 f.

Wichtig ist es jedoch, an dieser Stelle festzuhalten, dass eine Organadäquanz im Sinne der organisatorischen Fertigkeit eines Organs, eine Aufgabe wahrzunehmen, noch nichts über die diesem Organ tatsächlich zugeordneten Aufgaben im Rahmen einer Verfahrensordnung besagt. Sie hebt allein das Potenzial eines Organs, sich mit einer Aufgabe zu beschäftigen, hervor.

e) Kernbereichsschutzlehre

Schließlich ist die staatsrechtliche Kernbereichsschutzlehre zu erwähnen, nach welcher jeder „Gewalt" im Sinne der funktionsorganischen Einheit ein schutzwürdiger Kernbereich zukomme.[124] Der Gedanke dieser Lehre erklärt den Umstand, dass es manchen Gegner der Bindungsthese sehr darauf ankommt, die Ermittlungstätigkeit als exemplarische Verwaltungstätigkeit vorzuheben, weil sie glauben, auf diese Weise ein Argument dafür gewonnen zu haben, dass sich die Ansichten der Rechtsprechung in den Kernberiech dieser Tätigkeit, die nach ihnen die Strafbarkeitsbewertung umfasst, nicht einmischen dürfen.[125]

Es ist jedoch verfehlt, sich einen „Kernbereich" im Sinne der vorgefundenen Kompetenzen vorzustellen, weil es unstrittig ist, dass typische x-Funktionen auch von y-Organen wahrgenommen werden, ohne dass dies aus der Sicht der Verwaltungslehre oder des Rechts missbilligungswert wäre.[126] Hauptsächlich geht es bei der Lehre vom Kernbereichsschutz darum, durch fokussierte Kompetenzzuordnung bei einem Organ zu verhindern, dass verschiedene Gewaltfunktionalitäten bei diesem Organ zu seinem Übergewicht im staatlichen Gesamtgefüge führen.[127] Gemeint ist damit – was wieder als staatsrechtliche Sicht für die Belange des Strafverfahrensrechts allzu grob ist –, dass die Rechtsprechung nicht etwa auf

124 *Stern*, Staatsrecht, I 795, II 540 ff.; *Kloepfer*, Staatsrecht I, 2010, § 10, 77 ff.; BVerfGE 95, 1, 15; Dreier-*Schulze-Fielitz*, Art. 20 GG (Rechtsstaat), Rn. 71; Mangoldt/Klein/Starck-*Sommermann*, Art. 20 GG, Rn. 214 ff.; v. Münch/Kunig-*Schnapp*, Art. 20 GG, Rn. 58.

125 Vgl. *Gabriel*, Ist die StA gebunden, 1969, 121 f.

126 S. *Stern*, Staatsrecht II, 540 f.

127 *Stern*, Staatsrecht II, 542.

die Verwaltung verlagert werden darf oder die Gesetzgebung auf die Exekutive, wie es durch das Ermächtigungsgesetz vom 24.3.1933 geschehen ist.[128] Zur Lösung der kleinen Kompetenzfragen in einem komplizierten gesetzlich geregelten Verfahren, in dem mehrere Organen auf ein Ziel (wahrhafte und gerechte Verwirklichung des Strafanspruchs) arbeiten, eignet sich diese Lehre des Staatsrechts dagegen nicht.

f) Abschließende Würdigung

Als Prinzip der *Staatslehre* eignet sich der Grundsatz der Gewaltenteilung wegen seiner Relativität für die Lösung der Bindungsfrage nicht. Die positive Gewaltzuteilung nach Art. 92 GG lässt sich so interpretieren, dass ein hartnäckiges Gegensetzen der Staatsanwaltschaft gegen die Rechtsansichten der Rechtsprechung die Rechtsprechungskompetenz der Gerichte verletzt. Das organische Potential eines Organs eine Aufgabe erfolgreich zu erledigen (Organadäquanz), impliziert nicht, dass die eine oder andere diesem Potenzial entsprechende Aufgabe dem Organ tatsächlich zusteht.

3. Gleichheitssatz und Rechtseinheit

a) Offene Ungleichbehandlungsgefahr und Einheit der Rechtsordnung

Parallel zum Gedanken des Legalitätsprinzips und seinem Wert im Strafverfahren wird oft auch das Argument der Gleichheit entwickelt, und zwar in dem Sinne, dass nur das Legalitätsprinzip eine gerecht-gleiche Rechtsanwendung sichere.[129] Ohne das Legalitätsprinzip öffnet sich für die Staatsanwaltschaft ein Spielraum, der auch unter der Voraussetzung einer sachlichen und gewissenhaften Rechtsanwendung – etwa wegen der verschiedenen persönlichen oder behördlichen Einstellung in verschiedenen Orten – den allgemeinen Eindruck oder eine normative Befürchtung hinterlässt, dass die Strafverfolgung ungleich, und dies heißt für manch-

---

128 *Stern,* Staatsrecht II, 542.
129 OLG Bamberg, NStZ 1991, 252.

Täter benachteiligend, erfolgt.[130] Diesen Aspekt des Legalitätsprinzips hat vor kurzem etwa der Deutsche Richterbund „ontologisiert", und zwar mit der Behauptung, dass mit der Anknüpfung an persönliche Schuld eine Aushöhlung *des Legalitätsprinzips und des Gleichbehandlungsgebots* droht.[131]

Der BGH hat im Urteil BGHSt 15, 155 gemeint, durch Nichtbeachtung des Legalitätsprinzips werde die Gleichheit vor dem Gesetz „beseitigt" und die Einheit der Rechtsanwendung „zerstört".[132] Die Verfolgung „hinge im hohen Maße und unvermeidbar vom Tat- oder Ergreifungsort und von der Rechtsansicht der zuständigen Anklageböhrde (...) ab".[133] Das zu Wahrung „der Rechtseinheit geschaffene gesetzliche Vorlegungssystem (§§ 120 III, 121 II, 136 GVG) (...) wäre durch bloße Entschließung der Anklagebehörde ausgeschaltet."[134]

Viele Autoren möchten mit dem Vergleich zwischen der rechtlichen Würdigung, die zwei Staatsanwaltschaften einerseits und zwei Gerichte anderseits vornehmen, hervorheben, dass im Gerichtsverfahren ein besonderer Mechanismus besteht, der eine gleiche Rechtsanwendung sichert (§ 121 II, 132 GVG) und dass ein solcher Mechanismus bei der Staatsanwaltschaften fehlt. Daraus zieht man dann folgenden Schluss: weil die einheitliche Rechtsanwendung ein tragendes Prinzip der Rechtsordnung sei, so sei es geboten, die Entscheidung der Rechtsfragen dem Organ zu überlassen, bei dem auch eine einheitliche Rechtsanwendung – durch besondere Mechanismen – gesichert ist.[135] Etwas unnötig hochmütig ausgedrückt: „Die Staatsanwaltschaft (hat) wie jede andere Justizbehörde ihren Teil zur Wahrung der Rechtseinheit beizutragen, hinter der jede 'Eigenbrötelei' und jede 'Rechthaberei' zurückzutreten haben".[136]

130 Vgl. die Nachzeichnung der Reformdiskussion bei *Marquardt,* Die Entwicklung des Legalitätsprinzips, 1982, 71, 76 f., 85.

131 Stellungnahme des Deutschen Richterbundes zum Referentenentwurf für ein Strafrechtsänderungsgesetz – Beschränkung der Möglichkeit zur Strafmilderung bei Aufklärungs- und Präventionshilfe, Nr. 19/11, vom Juli 2011.

132 BGHSt 15, 155, 159.

133 BGHSt 15, 155, 159.

134 BGHSt 15, 155, 160.

135 *Meyer-Goßner,* § 141 GVG, Rn. 11; LR[24]-*K. Schäfer,* Einl. Kap. 13, Rn. 36 ff.; KK-*Schmid,* § 170, 6, und schon *Kries,* Lehrbuch des dt. Strafprozeßrechts, 1892, 483 FN 1.

136 *Lüttger,* GA 1957, 191, 212.

Besonders *Karl Schäfer* hat in seiner berühmten einleitenden Kommentierung zur StPO den Gesichtspunkt der Rechtseinheit als entscheidend für die Frage der Bindung der Staatsanwaltschaft an die höchstrichterliche Rechtsprechung erachtet. Er zeigt, dass eine Unabhängigkeit des Richters nach geltendem Recht nicht bedeutet, dass jeder Richter immer nur nach eigener rechtlicher Überzeugung entscheiden darf: Vielmehr ist auch das richterliche Entscheiden durch den Mechanismus der zu den Obergerichten führenden Rechtmitteleinlegung und der Vorlagepflicht nach § 121 II GVG auf eine einheitliche Rechtsverwirklichung abgestimmt: „Der Richter in toto ist keineswegs bei seiner Entscheidung völlig frei gegenüber Präjudizien, sondern unterliegt den Bindungen, die ihm im Interesse der Einheitlichkeit der Rechtsprechung auferlegt sind. (...). § 121 II GVG zeigt die zentrale Bedeutung, die die neuere Gesetzgebung mit Recht – denn was bleibt von der Rechtseinheit übrig, wenn das dem Wortlaut nach einheitlich geltende Gesetz nicht auch in der Strafrechtspflege einheitlich ausgelegt wird – dem Gedanken der Einheitlichkeit der Gesetzesauslegung beimisst und der ihr so gewichtig erscheint, dass sie in dem zur Erreichung des Ziels gebotenen Umfang die richterliche Freiheit und Unabhängigkeit bei der Auslegung des Gesetzes zurücktreten lässt.“[137] Daraus schließt *Schäfer* einmal, dass es erst recht der Idee der Selbständigkeit der Staatsanwaltschaft nicht widersprechen kann, dass sie entgegen der eigenen Strafbarkeitsüberzeugung anklagen muss und dass gerade in Bezug auf die Rechtsordnung der Staatsanwaltschaft eine strukturelle Pflicht gebührt, an der Einheit der Rechtsverwirklichung, die durch den Rechtmittelzug und § 121 II GVG zugespitzt ist, mitzuwirken.[138]

Dem Standpunkt von *Schäfer* wird vor allem entgegengehalten, dass sich die Rechtseinheit auf Grund des geltenden Rechts nicht als eine so wichtige Idee darstellt, dass sie immer zum Zuge kommt, und dass dementsprechend die gesetzlich geregelten Mechanismen, die auf eine Einheit hinwirken, vor allem der Rechtsmittelzug und § 121 II GVG, längst nicht auf die Verpflichtung der Staatsanwaltschaft, auf die Einheitlichkeit

---

137 LR[24]-*K. Schäfer*, Einl. Kap. 13, Rn. 38 f.

138 LR[24]-*K. Schäfer*, Einl. Kap. 13, Rn. 39, 38.

hinzuwirken, hindeuten.[139] Bei *Eberhard Schmidt* heißt es, die Rechtseinheit und Gleichheit haben „in unserem deutschen Verfahrensrecht keine Anerkennung in *dem* Sinne gefunden, dass daraus für irgendeine an der Strafrechtspflege beteiligte *Justizbehörde* ein Präjudizienkult hergeleitet werden könnte", und weiter: „Rechtseinheit und Gleichheit vor dem Gesetz haben als Rechtswerte also durchaus zurückzutreten, wenn untere Gerichte oder Staatsanwaltschaften von den Rechtsauffassungen der höheren und höchsten Gerichte abzuweichen *für geboten* erachten".[140] Dass die einzelnen Vorschriften, die auf Rechtsvereinheitlichung hinwirken, an sich im Sinne eines unmittelbaren Auslegungspotenzials nichts über die Rechtseinheit als Prinzip der Rechtsordnung besagen, ist trivial. Jedoch hat *Schäfer* argumentiert, dass sie insgesamt als eine Bemühung zu verstehen sind, die Rechtseinheit als staatsrechtlich-politischen Ideal zu schaffen, und dementsprechend die Aufforderung der Hinwirkung auf die Rechtseinheit als eine rechtsstaatliche Anforderung verstanden.[141]

Es wird weiter dem Standpunkt von *K. Schäfer* entgegengehalten, dass die Vorlagepflicht nach § 121 II GVG gerade die Gerichte im Klageerzwingungsverfahren, wenn es auch um die Strafbarkeitsverneinung durch Staatsanwaltschaft geht, nicht betrifft.[142] Systematisch würde das tatsächlich Bedenken hervorrufen, es sei denn, man nimmt an, dass das ganze Vorverfahren samt des Klageerzwingungsverfahrens eben die Lösung der Rechtsfragen – liegt eine Bestrafung als möglich nahe –, der Hauptverhandlung und damit auch dem Regime des § 121 II GVG überlassen muss.[143] Aus dieser Sicht würde die Tatsache, dass es für das Klageerzwingungsverfahren keine dem § 121 II GVG vergleichbare Regelung gibt, gerade ausweisen, dass sich weder das Gericht im Klageerzwingungsverfahren

139 LR[26]-*Graalman-Scherer,* § 170, 27; SK-*Wohlers,* § 170, 32; AK-*Achenbach,* § 170, 32; Radtke/Hohmann-*Kretschmer,* § 170, 6, derselbe auch in: JURA 2004, 454; *Eb. Schmidt,* MDR 1961, 269, 272; *Sarstedt,* NJW 1964, 1752, 1756; *Bloy,* NJW 1981, 427, 428; *Haft/Hilgendorf,* FS StA Schleswig-Holstein, 279, 293 f.; *Roxin,* DRiZ 1997, 109, 115;; *Koppenfels,* Die Bindung der StA, 1969, 112 ff., 115 ff.

140 *Eb. Schmidt,* MDR 1961, 269, 272; s. auch *Bloy,* NJW 1981, 427, 428.

141 LR[24]- *K. Schäfer,* Einl. Kap. 13, Rn. 39; vgl. zur rechtsstaatlichen Gefahr auch *Peters,* Strafprozess, 4. Aufl. 1985, 167.

142 *LR[26]- Graalmann-Scherer,* § 170, 27.

143 Vgl. hypothetisch *Gabriel,* Ist die StA gebunden, 1969, 15 f.

und erst recht nicht die Staatsanwaltschaft im Ermittlungsverfahren über die Meritum-Frage (die Schuldfrage im weitem Sinne) des Hauptverfahrens äußern dürfen. Vielmehr kommt es bei beiden Entscheidungen darauf an, eine wie auch immer geartete *Strafbarkeitsmöglichkeit* im *Haupt*verfahren zu bejahen, und zwar sowohl die tatsächliche als auch rechtliche.

Nur teilweise schlüssig bleibt das Argument von *Eberhard Schmidt,* dass eine autonome Strafbarkeitsbewertung im Ergebnis der Rechtsfortbildung im weiten Sinne dient, weil „nur so wird gewährleistet, dass die Rechtspflege juristisch nicht erstarrt, dass das Ringen um bessere Rechteinsichten niemals aufhört".[144] Denn der Staatsanwaltschaft wird auch von den Vertretern der Bindungsthese eingeräumt, in der Hauptverhandlung auf der eigenen Strafbarkeitsbewertung zu beharren und das Gericht von ihr zu überzeugen.[145] Man kann dies vor allem als Sorge verstehen, dass eine allzu inerte Verfolgungspraxis der Staatsanwaltschaft auch ihren Beteiligungswillen in der Hauptverhandlung schwächt. Aber man darf nicht außer Acht lassen, dass die Argumente um die Nichtstrafbarkeit im Regelfall durch den Verteidiger forciert werden. Umgekehrt führe gerade eine Praxis der Anklageunterlassung wegen der autonomen Verneinung der Strafbarkeit zur Verkümmerung der Rechtsdiskussion und verhindert ihre Verfeinerung. Nur durch eine offene Bearbeitung durch Rechtsprechung, an die sich die Wissenschaft anschließt, wird das Problem „immer schärfer herausgearbeitet und abgegrenzt. Nur langsam findet sich die Marschrichtung, dann aber nimmt das Institut Gestalt an und gewinnt immer mehr an Substanz. Damit hört aber nicht etwa die Rechtsentwicklung auf. Immer wieder wird das Institut neu abgegrenzt, immer wieder die Frage aufgeworfen und entschieden, ob neu auftauchende Probleme in seinen Rahmen gehören oder ausgeschieden werden müssen, ob das Institut insgesamt einer Korrektur bedarf. Das Institut wächst in der einen oder anderen Richtung, kontinuierlich oder hin- und hergerissen. Vielleicht löst es sich ganz auf. Eine solche Entwicklung kann nur ablaufen, wenn Gerichte überhaupt mit den zweifelhaften Streitfragen befasst worden sind. Wollte man der Staatsanwaltschaft mit *Eberhard Schmidt* das Recht einräu-

144 *Eb. Schmidt,* MDR 1961, 269, 271.
145 S. Überblick oben § 2, Teil I. 4. (S. 35 f.).

men, gewisse Streitfragen der richterlichen Kognition zu entziehen, würde man die Rechtsentwicklung gefährden. Mit der Einstellungsverfügung der Staatsanwaltschaft endet in der Regel die Würdigung einer rechtlichen Zweifelsfrage. Die Arbeit der Staatsanwaltschaft bleibt im Verborgenen. Eine Kritik ihrer Entscheidungen, ein fruchtbarer Einfluss auf spätere, ist regelmäßig nicht möglich. Die Staatsanwaltschaft ist deshalb nicht im Stande, den für die Rechtentwicklung so fruchtbaren Institutionalisierungsprozess zu garantieren“.[146]

Die Rechtseinheit im Strafrecht hat nicht nur einen ideal-politischen Wert. Vielmehr stellt sie sich als eine normative Forderung aus der Kompetenzzuteilung und dem Kompetenzgebrauch in einem föderalistischen Staate dar. Möchte man jeder der 16 landesgebundenen staatsanwaltlichen Einheiten in Deutschland Autonomie einräumen über die Strafbarkeit eines Verhaltens zu entscheiden und den Weg zur Rechtseinheit auszuschalten, so beinhaltet dies im Lichte der föderalistischen Zweckmäßigkeit eine versteckte Umwandlung der Kompetenzordnung und verstößt aus der Sicht des Bundes im Ergebnis gegen Art. 72, 74 I (1) GG.

b) Verdeckte Ungleichbehandlungsgefahr

Ein anderer wichtiger Einwand in Bezug auf Gleichheit geht aus der Struktur des Strafprozesses hervor. Ist das Gericht mit der Sache einmal im Hauptverfahren befasst, dann kann die Staatsanwaltschaft ihre Stellung zum Tatsächlichen und Rechtlichen, außer argumentativ, nicht mehr durchsetzen (§§ 155 II, 244 II, 261 StPO). Dies führt zwangsweise dazu, dass *durch* die Anklage der Staatsanwaltschaft viele Gesetzesverletzungen geahndet werden, die die Staatsanwaltschaft aufgrund der eigener rechtlichen Ansicht als solche nicht verfolgen würde. Da jedoch diese Umdeutung in der Hauptverhandlung ganz außerhalb der Kontrolle der Staatsanwaltschaft liegt (§ 156 StPO), lässt sich die Disparität zwischen den in der Hauptverhandlung auf diese Weise geahndeten Straftaten einerseits

---

146 *Meyer-Ladewig*, AcP 161 (1962), 113, 115.

und durch die staatsanwaltliche Einstellungsverfügung der Bestrafung entzogenen Taten anderseits, in toto als pure staatliche Willkür auffassen.[147]

Bedenkt man, welche Fälle von Ungleichbehandlung dadurch entstehen können, so muss man sich fragen, ob nicht gerade der Umstand, dass die StPO keine Mittel zur Bewältigung dieses Konflikts vorsieht, ein Anhaltspunkt dafür ist, dass die Konstruktion der selbständigen Strafbarkeitsbewertung dem Gesetz fremd ist.[148]

Klagt z.B. eine Staatsanwaltschaft im oben genannten Beispiel (s. hier § 2, Teil IV, S. 39) mit der fremden Fahrzeugbenutzung wegen der gefährlichen Körperverletzung, der Nötigung, und des unbefugten Gebrauchs eines Fahrzeugs (§§ 224, 240, 248b StGB) an, so kann das Gericht dies in der Hauptverhandlung in eine Erpressung umdeuten (§ 255, 250 II 1 StGB). Klagt die Staatsanwaltschaft nicht, weil die drei von ihr identifizierten Delikte, anders als die Erpressung, nach der gesetzlichen Frist verjährt sind, so bleibt auch die Erpressung unbestraft.

Das Gericht ist in seiner Untersuchung nur durch den prozessualen Begriff des Tatgeschehens begrenzt (Tat im prozessualen Sinne). Dies führt leicht dazu, dass sich in der Hauptverhandlung ein Geschehen als tatsächlich ergangenes entpuppt, das die Staatsanwaltschaft nicht als strafbar hätte würdigen wollen. Früher war diese Kluft noch evidenter, da sich die Staatsanwaltschat schon nach der Eröffnung der gerichtlichen Ermittlungen/Voruntersuchung mit der Entscheidung des Gerichts abfinden musste.[149]

4. Selbstständigkeit der Staatsanwaltschaft

Ein sehr beliebtes Topos in der Diskussion stellt die Selbstständigkeit der Staatsanwaltschaft dar,[150] wobei damit die durch § 150 GVG ausdrücklich

147 S. *Nowakowski,* Gutachten, 1964, 22 ff., 26.

148 *Nowakowski,* 26.

149 Vgl. *Nowakowski,* Gutachten, 1964, 22 f.

150 LR^2- *Graalmann-Scherer,* § 170, 27; AK-*Achenbach,* §170, 12; HK-*Gercke,* § 152, 14; *Heghmanns,* in: Hb zum Strafverfahren, Rn. V/11; *Eb. Schmidt,* Lehrkommentar Nachtrag II, 259; *Fezer,* Strafprozeßrecht, 2. Aufl. 1995, Rn. 2/34; *Helmann,* Strafprozessrecht, 2. Aufl. 2006, Rn. 66; *Schmitt,* Zur Frage der Bindung, 1967, 75 ff.;

statuierte Selbstständigkeit in Bezug zum Gericht gemeint wird: „Die Staatsanwaltschaft ist in ihren amtlichen Verrichtungen von den Gerichten unabhängig“. Und es soll heißen: Die Selbstständigkeit der Staatsanwaltschaft umfasst die Auslegungsselbstständigkeit.[151]

Dem BGH wird vorgeworfen, in der Entscheidung BGHSt 15, 155, gegen den „klaren Wortlaut des § 150 GVG“ entschieden zu haben.[152] Das ganze Urteil lässt sich angeblich so deuten, dass der BGH ein schlechtes Gewissen hatte, weil er unverständlicherweise die Staatsanwaltschaft an seine Rechtsauffassungen gebunden habe, und dass das Gericht dementsprechend „die rhetorische Behandlung ein(setzt), zu der es bereits gehört, dass diese Vorschrift (§ 150 GVG) in den entscheidenden Ausführungen überhaupt nicht erwähnt wird“.[153]

Die Sichtweise ist verfehlt, weil eine organische Selbstständigkeit nichts darüber besagt, welche konkreten Aufgaben eine Behörde gemäß der Verfahrensordnung zu erfüllen hat und wie sie diese zu erfüllen hat.[154] Diese Unterscheidung zwischen dem Organstatus und der Verfahrenskompetenz unterschied man auch in den Motiven zu § 150 GVG, hieß es dort zuerst: „jede Vermischung mit der Sphäre des Gerichts (...) schädigt Gericht und Staatsanwaltschaft“,[155] und dann: „Die Frage, inwiefern die Staatsanwaltschaft durch einen gerichtlichen Beschluss wider ihren Willen zur Erhebung einer Anklage genötigen werden kann, gehört in das Gebiet der Strafprozessordnung“.[156] Die Gerichte sind von der Organen der Gesetzgebung selbstständig, sogar unabhängig, und trotzdem sind sie an die Gesetze gebunden (Art. 20 III GG). So wäre es auch vorstellbar, würde man sich dem Präjudizien-Diskurs anschließen, dass die Staatsanwaltschaft an die Präjudizien der dritten Gewalt

Koppenfels, Die Bindung der StA, 1969, 5 f., 40 ff.; *Lüttger*, GA 1957, 193, 212; *Haft*, Juristische Rhetorik, 8. Aufl. *Eb. Schmidt*, MDR 1961, 269, 271;; *Bloy*, JuS 1981,427, 428; *Roxin*, DRiZ 1997, 109, 114; *Kretschmer*, JURA 2004, 452, 454.

151 *Eb. Schmidt*, MDR 1961, 269, 271.

152 *Haft*, Juristische Rhetorik, 8. Auf. 2009, 177.

153 *Haft*, Juristische Rhetorik, 8. Auf. 2009, 177.

154 So richtig *Nowakowski*, Gutachten, 1964, 10, 12, besonders klar: 45 f.; kritisch auch LR[26]-*Franke*, § 150 GVG, Rn. 3; *Kissel/Mayer*, § 150 GVG, Rn. 1 (!).

155 Bei *Hahn* I, 152 (§ 122).

156 Bei *Hahn* I, 152 (§ 122).

gebunden ist. – Und letztendlich besagt auch eine angenommene Selbstständigkeit in den Auslegungsfragen nichts darüber, welche Rechtsfrage gestellt wird: stellt sich die Frage an die Staatsanwaltschaft ob die Tat strafbar ist, oder stellt sich an sie die Frage ob die Tat im Prisma der Rechtsprechung als etwa wahrscheinlich strafbar zu bewerten ist.

Das letztere gilt auch für die besonders von *Eberhard Schmidt* forcierte Vorstellung, dass eine Justizbehörde nur der Wahrheit und Gerechtigkeit verpflichtet ist.[157] Er meint: „ist aber eine Justizbehörde zur Intention auf Wahrheit und Gerechtigkeit verpflichtet, so kann in Rechtsfragen für sie grundsätzlich nur die auf Grund prflichtmäßiger juristischer Überlegungen in selbstständiger geistiger Arbeit gewonnene Rechtsauffassung maßgeblich sein"[158]. Es ist jedoch verwunderlich, wenn *Schmidt* als ein Argument für diese Auffassung den § 148 II a. F. GVG hinzuzieht, in dem bestimmt war, dass der Staatsanwalt die gleiche Ausbildung wie ein Richter besitzen muss. Denn würde dieses Argument dafür passen, die Rolle der Staatsanwaltschaft als Justizbehörde in Bezug zum Gericht auf die gleiche Ebene zu erhöhen, so müsste – eben wegen dieser Ausbildung – auch jeder Staatsanwalt wie ein Richter die Unabhängigkeit genießen, was bekanntlich nicht der Fall ist.

Das Argument der Selbstständigkeit (§ 150 GVG) geht in seiner Entstehung zurück auf eine heute nur sehr schwer nachvollziehbare Weise, über das Verhältnis von der Rechtsprechung, ihren Urteilen, und anderen Organen zu denken. Bei *Lüttger* ist es im Jahr 1957 ersichtlich, dass er in seiner wissenschaftlichen Begrifflichkeit eine Pflicht der Staatsanwaltschaft, der Rechtsprechung zu folgen, nur als formale Präjudizien-Bindung auffassen kann.[159] Hinter seiner Meinung steht die Idee, dass ein Urteil in der Sache, in der es gefallen ist, binden kann *(inter partes),* und dass man für eine andere Gefolgschaft auch eine „Rechtsquellenerklärung" darlegen muss. Dies steht jedoch außer Bezug zum Rechtsprechungsverständnis in modernen Staaten, bei welchem Urteile zwar keine Bindungswirkung im Sinne der formalen Rechtsquellenlehre und etwa Präzedenz entfalten,

157 *Eb. Schmidt,* MDR 1961, 269, 271.
158 *Eb. Schmidt,* MDR 1961, 269, 271.
159 *Lüttger,* GA 1974, 211 f.

dafür aber als maßgebliche „Rechtslage" verstanden werden. Von diesem Verständnis geht das BVerfG in seiner viel beachteten, für das ganze Strafrecht wichtigen Entscheidung zum Bestimmtheitsgebot aus (s. dazu hier § 5, Teil I.4, S. 124).

Sieht man einmal von den programmatischen Bezügen des Selbstständigkeitsarguments ab, wobei es um einen Kontext in der Reformzeit nach dem Krieg geht, so liegt der Gedanke, dass eine organische Selbständigkeit eine Auslegungsfreiheit statuiert, allein für sich fern. In der älteren Literatur wird mit ihm die Einsicht ausgedrückt, dass die früheren Entscheidungen der Rechtsprechung nicht etwa als Präzedenzen für die Staatsanwaltschaft gelten dürfen, und eine ideologische Vermengung mit der Frage nach der Weisungsgebundenheit ist auch ersichtlich. In der Bindung an die Rechtsprechung wird ein in Hinsicht der möglichen Analogie sensibles Pendant zur internen Weisungsgebundenheit ersehen.

Die Frage ist im Grunde falsch gestellt, weil eine Einbeziehung der fremden rechtlichen Gesichtspunkte nicht als „Unselbstständigkeit in rechtlichen Fragen" betrachtet werden kann. Muss der Staatsanwalt überlegen, ob ein Verhalten im Prisma der bisherigen Rechtsprechung als strafbar zu bewerten ist, so leistet er eine genuine rechtliche Bewertung, die sich jedoch nicht als unmittelbare Qualifikation der verdächtigen Tat, sondern als Urteil über die Möglichkeit einer Strafbarkeit vor dem Gericht darstellt. Es kommt also in voller Anerkennung seiner organischen Unabhängigkeit darauf an, welche rechtliche Frage ihm durch die Prozessordnung gestellt wird.[160]

Stellt man sich die Frage so wie etwa *Arndt* vor: „Nimmt sie (die Staatsanwaltschaft) selbständig an der rechtsprechenden Gewalt teil oder übt sie, an die Rechtsprechung gebunden, vollziehende Gewalt aus",[161] so ist ersichtlich, dass es sich bei der Sorge um die Unabhängigkeit der Staatsanwaltschaft um einen Denkfehler handelt. Die organische Selbstständigkeit bedeutet noch längst nicht die völlige Eigensinnigkeit. Verfehlt auch *Eberhard Schmidt*: „Nur darf an das Problem des Verhältnisses der StA zu den Rechtsauffassungen der höheren Gerichte nicht mit der die institutionelle

160 So bereits *Nowakowski,* Gutachten, 1964, 10 ff.

161 *Arndt,* NJW 1615, 1617

Selbstständigkeit der StA gefährdenden, wenn nicht aufhebende Starrheit herangegangen werden, die m.E. in den Ausführungen des 3. Strafsenats ihren Ausdruck gefunden haben."[162]

5. Das „Prinzip einer doppelten Bejahung der Strafbarkeit"

Der autonomistische Gedanke, die Staatsanwaltschaft soll rechtlich eigenverantwortlich die Strafbarkeit der Tat (vor)bewerten dürfen, begründet, in Konstellationen einer Widersetzung der Staatsanwaltschaft gegen die durch Rechtsprechung geforderten Strafbarkeit, eine wichtige liberale Stellung in der Diskussion, nach der es in Bezug auf die Bürgerfreiheit gerade wünschenswert ist, dass die Strafbarkeit von mehreren Stellen überprüft wird. Und zwar in dem Sinne, „dass eine Bestrafung nur dann erfolgen kann, wenn sowohl die Staatsanwaltschaft als auch das Gericht von der Strafbarkeit überzeugt sind".[163] Diesem Argument wird von den Verfechtern der These der autonomen Bewertung große Bedeutung zugemessen; *Heghmanns* spricht sogar vom *„Prinzip* einer doppelten Bejahung der Strafbarkeit" (nachträgliche Hervorhebung).[164] Der Gedanke geht wahrscheinlich auf die nicht näher ausformulierte These von *Binding* zurück.[165]

Tatsächlich hat diese Sichtweise einen hohen Wert für jeden Bürger und Diskussionsteilnehmer, der sich einen effizienten Schutz der durch die Grundrechte statuierten Freiheiten allgemein erwünscht. Es erscheint jedoch bedenklich, höchste Werte wie Freiheit auf solche Weise in die Diskussion um ein umrissenes strafverfahrensrechtliches Problem zu transponieren. Denn die Strafprozessordnung als solche bietet einen organisch durchdachten Freiheitsschutz, dessen organischer Ausformulierung eine prinzipielle Entscheidung „immer für die Freiheit" oder „immer gegen

162 *Eb. Schmidt,* MDR 1961, 269, 273.

163 SK-*Wohlers,* § 170, 33; LR[26]-*Graalmann-Scherer,* § 170, 27 (eröffnendes Gericht!); Radtke/Hohmann- *Kretschmer,* § 170, 6, auch JURA 2004, 452, 454; *Heghmanns,* in: Hb. zum Strafverfahren, 2008, Rn. V/11 f.; *Eb. Schmidt,* MDR 1961, 269, 272, kurz auch im Lehrkommentar Nachtragsband I, § 152, 9; *Roxin,* DRiZ 1969, 385, 387, auch DRiZ 1997, 109, 116; *Bottke,* GA 1980, 298, 308, 309.

164 *Heghmanns,* in: Hb. zum Strafverfahren, 2008, Rn. V/12.

165 *Binding,* Grundriß des dt. Strafprozeßrechts, 5. Aufl. 1904, 191.

die Freiheit" entgegensteht, sobald man das Problem juristisch weiterer sezieren kann. Bedenkt man, dass die erwünschte Befugnis der Staatsanwaltschaft einen zusätzlichen Missbrauchsraum eröffnen kann, nämlich dass der Staatsanwalt aus sachfremden Gründen unter dem vorsätzlichen oder halbewussten Schleier der eigenverantwortlichen Auslegung, Verfahren einstellt, und dass der Gesetzgeber gerade diese Missbrauchsgefahr der Eigenverantwortung durch das Legalitätsprinzip ausschalten wollte, so wirkt das erwogene liberale Argument nicht mehr einleuchtend.

Es ist weiterhin – geht man einmal davon aus, dass die Staatsanwaltschaft den Bürger vom Strafstab der Gerichte schützen sollte –, nicht ersichtlich, was man in einem so gearteten rechtsstaatlichen Gefüge von Gerichten halten soll.[166] Die Rechtsauffassungen der Rechtsprechung werden, auch wenn man im Einzelfall einen Freiraum für den Bürger gewinnt, in der Tendenz diffamiert, was nur dann akzeptabel wäre, wenn man die Staatsanwaltschaft konsequent als Hauptorgan der Strafrechtspflege anerkennen würde, und das gerichtliche Verfahren offen als der Staatsanwaltschaft als Mittel zur Verfügung stehendes Verfahren für die Bestrafung qualifizieren würde.

Entscheidend erscheint *de lege lata*, dass der Gesetzgeber ein Prinzip der „doppelten Bejahung der Strafbarkeit" gerade im Strafverfahren nicht mitklingen lässt. Kommt es dem Gedanken der doppelten Bejahung der Strafbarkeit darauf an, dass „eine Verurteilung (nur dann erfolgen kann), wenn zwei Justizbehörden ein Verhalten gleichermaßen als strafbar beurteilen"[167], so ist es dann nicht ersichtlich, warum in der Hauptverhandlung die Strafbarkeitserwägungen der Staatsanwaltschaft – außer argumentativ – irrelevant sind (§ 155 II StPO); wieso die von der Straflosigkeit überzeugte Staatsanwaltschaft die Klage nicht zurücknehmen kann (§ 156, Immutabilität[168]); zugespitzt auch nicht, wieso der Staats-

166 Vgl. *Koppenfels*, Die Bindung der StA, 1969, 132 f.

167 *Roxin*, DRiZ 1997, 109, 116.

168 *Dünnebier*, JZ 1961, 312, 313 meint aus der Sicht des erweiterten Verständnisses der Staatsanwaltschaft folgerichtig, dass „es systematisch richtiger gewesen (wäre), der Staatsanwaltschaft eine an die Zustimmung des Gerichts gebundene Rücknahmemöglichkeit einzuräumen".

anwalt bei der Gerichtsberatung nicht beiwohnen darf (§ 193 I GVG[169]). Bedenkt man diese Vorschriften, so wird es schwer anzuerkennen, dass über dem Strafverfahren ein Gestaltungsprinzip der doppelten Bejahung der Strafbarkeit schwebt. Auch wenn man diesen Gedanken nicht unbedingt als „Prinzip“[170] oder der Strafprozessordnung zugrunde liegende Doppelsicherung[171] bezeichnen möchte, so muss man zugeben, dass im Hinblick auf die Kompetenzverteilung im Hauptverfahren dieser Gedanke in Anbetracht des ganzen Verfahrens ein Fremdkörper wäre.

Desweiteren verstößt der Gedanke der doppelten Bejahung der Strafbarkeit gegen den in der Diskussion zur Gewaltenteilung entwickeltem Gesichtspunkt der Kompetenzklarheit. Eine „Doppeljudikatur“ dieser Art würde gerade darauf angelegt sein, Widersprüche zu produzieren.[172]

Der Gedanke erscheint auch hinsichtlich der Analyse des Perseveranzeffektes und verwandter Aspekte dubiös: geht man nämlich davon aus, dass die Staatsanwaltschaft nur dann klagt, wenn Sie *auch aus eigener Überzeugung* die Strafbarkeit bejaht, so entsteht in der Hauptverhandlung der psychisch belastende Eindruck, dass der Fall, zumindest rechtlich, schon entschieden ist. Das Bewusstsein, dass die Staatsanwaltschaft *auch ohne* eigene Überzeugung anklagen kann, stellt eine wichtige psychologische Entlastung für den Richter dar, der den Angeklagten freisprechen will.

Insgesamt erscheint somit der Gedanke der doppelten Bewertung als eine verlockende rechtspolitische Forderung, die jedoch im geltenden Recht des Strafverfahrens nicht auszuarbeiten ist. Ihrer juristisch begründbaren Nicht-Anerkennung stellt sich allein ein Unwohlgefühl, eine Freiheitsforderung zu bestreiten, in den Weg.

Nowakowski hat gegen ein Prinzip der doppelten Bejahung der Strafbarkeit zusätzlich eingewendet, dass das Klageerzwingungsverfahren zeigt, „dass es genau so wenig das Ziel des Gesetzes ist, den Angeklagten vor der Tatsachenüberzeugung des Gerichts abzuschirmen, wie ihn vor dessen

169 So war es nach *Nowakowski,* Gutachten, 1964, 16 FN 69 noch in den 1960-er Jahren in Österreich.

170 So, wie bereits erwähnt: *Heghmanns,* in: Hb. zum Strafverfahren, 2008, Rn. V/12.

171 Radtke/Hohmann-*Kretschmer,* § 170, 6.

172 *Nowakowski,* Gutachten, 1964, 46.

Rechtsmeinung zu schützen".[173] Er meint eine „Siebfunktion zum Vorteil des Angeklagten ließe sich nur verantworten, wenn das im Gesetz ausdrücklich begründet wäre".[174] Schließlich vermerkt er scharfsinnig noch zweierlei. Eine Rechtspflicht des Staatsanwalts, nach der eigenen Rechtsüberzeugung zu handeln, müsste sich folgerichtig auch immer auswirken müssen, wenn der Staatsanwalt eine Tat anders als die Rechtsprechung für strafbar hält und dass „(man) diese Folgerung im Ernst kaum (wird) ziehen wollen".[175] Und, geht man von einem Prinzip der Doppelbewertung aus, so wäre es vorstellbar, dass manche Vorschriften überhaupt nicht zur Anwendung kommen, nämlich dann, „wenn Staatsanwaltschaft und Gericht ein Gesetz so verschieden verstünden, dass jede der Auffassungen die Anwendung auf die Fälle ausschlösse, für die es nach der anderen gelten sollte".[176]

6. Beispiel als Argument

Es war *Sarstedt,* der sich bemüht hat, die *Unhaltbarkeit* der Bindungsthese durch Beispiele *evident* zu machen. Dafür fuhr er unter einem positiv konnotierten Einwand „in der Praxis hat sich die Staatsanwaltschaft niemals für verpflichtet gehalten, alles zu verfolgen, was die höchstrichterliche Rechtsprechung für strafbar erklärt hat",[177] drei Beispiele an,[178] von denen das erste, und wohl als eindeutigste verstandene, hier voll wiedergegeben wird:

> „Das RG hat seit dem ersten Jahr seines Bestehens und seit dem ersten Band seiner Entscheidungssammlung die Schlägermensur als strafbaren Zweikampf mit tödlichen Waffen betrachtet. Von einem Falle abgesehen, in dem 'jede Lebensgefährdung ausgeschlossen war', und der *daher* als gefährliche Körperverletzung (!) bestraft wurde, hat das RG an dieser Ansicht ein halbes Jahrhundert lang

173 *Nowakowski,* 29.
174 *Nowakowski,* 29.
175 *Nowakowski,* 24.
176 *Nowakowski,* 25, mit Beispiel.
177 *Sarstedt,* NJW 1964, 1752, 1757 f.
178 *Sarstedt,* NJW 1964, 1752, 1758.

unbeirrt festgehalten. Es handelt sich um die einzige Rechtsfrage, die zweimal vor die Vereinigten Strafsenate gekommen ist, 1883 und 1926. In der Zwischenzeit hatte das RG 'die Frage mehrfach auf Revision wieder zu prüfen, ist aber in ständiger Rechtsübung bei der Entscheidung von 1883 geblieben'. Es blieb noch später. Erst 1933 machte der Gesetzgeber der Sache ein Ende. Bis dahin musste man, wenn irgendwo, so doch wohl hier von einer 'ständigen', 'gefestigten' höchstrichterlichen Rechtsprechung ausgehen. Alle diese Jahrzehnte hindurch wurde die vom RG für strafbar erklärte Tat von ganzen Studentengenerationen auf das offenkundigste begangen. Verbindungen bezeichneten sich öffentlich als 'schlagende'; die Tatspuren wurden stolz zur Schau getragen. Die Zahl der, wenn man nur gewollt hätte, ohne weiteres nachweisbaren 'Vergehen' war sicherlich fünfstellig, wenn nicht sechsstellig. Hätte sich die StA an die Rechtsprechung des RG nur im Geringsten gebunden geglaubt, so wäre es ihr ein Leichtes gewesen, die entsprechenden Tatsachen zu ermitteln oder ermitteln zu lassen. Sie hätte bei ihren polizeilichen Hilfsbeamten kaum denjenigen Widerstand zu erwarten gehabt, der ihr in den unten zu b und c erörterten Fällen möglicherweise die Verfolgung erschwert. Aber sie wollte in der großen Mehrzahl der Fälle die Mensuren eben nicht verfolgen; und wenn sie die *reichsgerichtliche* Rechtsprechung in Übereinstimmung mit der überwiegenden Lehre für unrichtig hielt, dann brauchte sie es auch nicht. Aus diesem Grunde kam es nur sehr gelegentlich einmal zu solchem Verfahren; und dann versagten die unteren Gerichte dem RG oft die Gefolgschaft."[179]

Nun kann man sich gut vorstellen, dieses Beispiel mit den gleichen dramatischen Akzenten als Evidenzvortrag auch bei einem Autor, der mit voller Kraft für die „Bindung" der Staatsanwaltschaft eintritt, zu lesen. Der Evidenzgehalt dieses und der weiteren zwei Beispiele bei *Sarstedt* sollte sich in seinem Argumentationsgefüge darin erschöpfen, dass sie *die Untätigkeit der Staatsanwaltschaft im Lichte der Bindungsthesis (Rechtsprechungsauffassungen) als sozial plausibel darstellen.*

Interessanterweise fügt *Sarstedt* als zweites Beispiel die Stellung der Staatsanwaltschaft zu der vom Reichsgericht gefestigten Bestrafung der Bordellhalterei bei gleichzeitiger polizeilicher Duldung dieser Einrichtun-

179 *Sarstedt,* NJW 1964, 1752, 1758. Die Verweise von *Sarstedt* sind weggelassen.

gen hinzu.[180] Anders als im ersten Fall, wo die Rechtsansicht des Reichsgerichts höchstumstritten war, stimmte die Lehre in diesem Fall mit dem Reichsgericht allgemein überein; und sogar der Gesetzgeber erkannte durch eine „authentische Auslegung" die Richtigkeit der Rechtsansicht des Reichsgerichts an. Dies alles berichtet *Sarstedt* selbst.[181] Sowohl das erste Beispiel wo es allein um eine Auslegungsfrage ging, als auch dieses letztes Beispiel stellt *Sarstedt* nebeneinander als Beweis für die Unentbehrlichkeit der Anerkennung einer autonomen Strafbarkeitsbewertungskompetenz der Staatsanwaltschaft. Dass er jedoch diese zwei kategorial verschiedenen Konstellationen nicht unterscheidet, bestätigt auch die befürchteten Zweifel, dass die Gegner der Bindungsthese – selbstverständlich nicht alle – mangelnde Sensibilität für das Legalitätsprinzip erweisen, und sich zu ihm nur formal bekennen. Dies ist rechtspolitisch neutral und niemandem vorzuwerfen, aber in den Fragen, die *de lege lata* entschieden werden müssen, scheint es rechtslos zu sein.

180 *Sarstedt,* NJW 1964, 1752, 1758.
181 *Sarstedt,* NJW 1964, 1752, 1758.

§ 4. Streituntersuchung II
(Das Aufgreifen von Vorverständnissen)

I. Vorverständnisse zu Bild, Tätigkeit und Rolle der Staatsanwaltschaft

Den Zusammenhang zwischen dem Verständnis der Staatsanwaltschaft und ihrer Rolle im Strafverfahren und der Stellungnahme zur der Problematik einer eigenverantwortlichen Strafbarkeitsbewertung durch die Staatsanwaltschaft hat bereits *Nowakowski* in seinem Gutachten zum 45. Deutschen Juristentag aufgespürt.[182] Dass dieser wichtiger Topos von anderen Autoren meistens nicht zentral aufgegriffen wurde,[183] hat möglicherweise damit zusammen zu hängen, dass viele Autoren durch die Beantwortung der Frage nach der Bindung der Staatsanwaltschaft gleichzeitig unterschwellig eine als erwünscht betrachtete Stellung der Staatsanwaltschaft postulieren oder beweisen möchten.[184]

1. Zwei Grundpositionen

Tatsächlich bieten die Gegebenheiten des deutschen Strafverfahrens, wenn man es wie ein rechtspolitisches Phänomen begreift, Raum, tendenziell zwei verschiedene idealtypische Zuordnungen der Staatsanwaltschaft zu behaupten. Die RStPO baute die Stellung der Staatsanwaltschaft auf der Prämisse der vollen Berechtigung eines „liberalen Misstrauens" gegenüber diesem Organ auf.[185] Die Staatsanwaltschaft der RStPO erfüllte die wichtige Forderung, die Anklage- von der Urteilsfunktion im Strafverfahren personell zu trennen (Anklageform);[186] im Übrigen würden jedoch alle ernsten Strafverfolgungshandlungen von dem Gericht erledigt.

182 *Nowakowski*, Gutachten, 1964, 9 f.

183 Eine Ausnahme ist die Monografie von *Koppenfels*, Bindung der StA, 1969, besonders S. 20 f.; teilweise sensibel *Sarstedt*, NJW 1964, 1752; *Bloy*, JuS 1981, 427; *Bottke*, GA 1980, 298, 300 f.; *Haft/Hilgendorf*, FS StA Schleswig-Holstein, 279, 290.

184 So auch *Haft/Hilgendorf*, FS StA Schleswig-Holstein, 279, 280.

185 *Schumacher*, Kontinuität und Diskontinuität im Strafverfahren, 1987, 9 ff.

Das Gericht der RStPO in der Originalfassung des Jahres 1877 ist das eigentliche Organ, das mit der Verwirklichung des staatlichen Strafanspruches betraut ist. Es ist das Gericht, das im Rahmen der gesetzlichen Bestimmungen des materiellen Strafrechts zur repressiven Kriminalitätshemmung berufen ist. In dieser seiner Funktion ist es lediglich aus klugheitspsychologischen Gründen an die Erhebung der Klage *bedingt,* worauf auch die Formulierung des § 151 RStPO (= § 151 StPO) unzweideutig hinausläuft. Diese Stellung des Gerichts ist bereits an der Struktur der RStPO erkennbar, beginnt ja das Gesetz zum Strafverfahren mit Ausführungen zum Gericht, was man nicht als eine psychologische Koinzidenz, sondern als Andeutung einer nomotechnischen Trivialität verstehen soll. Zu erwähnen ist eine ebenso triviale Bemerkung, dass sich der Privatkläger nicht an den Staatsanwalt, sondern an das Gericht wendet, und das auch in einem solchen Fall die Strafbarkeit als ein Akt des Gerichts und nicht des (Privat)Klägers hingenommen wird.

Dass hinter dieser Regelung die prozessualistische Überlegung der Notwendigkeit der persönlichen Trennung der Anklage von der Urteilsfunktion steht („verfahrenspsychologische Notwendigkeit“[187]), ersieht man gut am Klageerzwingungsverfahren (§ 170 RStPO), und besonders deutlich am Gang des Verfahrens mit einer, heute ins Vergessen geratenen, gerichtlichen Voruntersuchung nach §§ 176 ff. RStPO. Letzte fand in Sachen, die zur Zuständigkeit des Reichsgerichts oder der Schwurgerichte gehörten immer, in anderen Sachen fakultativ statt (§ 176 RStPO). Die Eröffnung des Hauptverfahrens nach Voruntersuchung war zwar nach § 151 RStPO mit einer Erhebung der Klage bedingt. Aber der Gesetzgeber hat in § 168 I RStPO schon den Antrag auf die gerichtliche Voruntersuchung als Anklage gelten lassen.[188] Wäre die Staatsanwaltschaft während oder nach der Voruntersuchung von der Unschuld des Beschuldigten überzeugt, so

---

186 Vgl. *Nowakowski,* Gutachten, 1964, 17 ff.; *Zimmermann,* Freiheit und Gebundenheit, 1988, 56 ff., 61 ff.

187 *Wohlers,* Entstehung und Funktion der StA, 1994, 22; 88 ff., 180 ff.

188 Vgl. Motiven, bei *Hahn* III, 145: „der Antrag auf die Eröffnung der Untersuchung ist mit dem Namen 'Klage' bezeichnet (...) Unter der 'Erhebung der öffentlichen Klage' versteht der Entwurf sowohl den Antrag auf Eröffnung der Voruntersuchung wie die Einreichung einer Anklage bei dem erkennenden Gericht“.

könnte sie mit einem Antrag die Versetzung außer Verfolgung verlangen. Aber das Gericht hatte sich nicht nach den Anträgen der Staatsanwaltschaft zu richten (§ 204 RStPO) und der Zweck der Voruntersuchung, die begrifflich wie eine vom Gericht geführte Ermittlung verstanden wurde[189], war ausdrücklich nicht etwa, dass sich die Staatsanwaltschaft einen Eindruck verschafft, ob die Anklage berechtigt ist, sondern dass sich das Gericht die Klarheit verschafft, ob (sein) Hauptverfahren zu eröffnen oder der Angeschuldigte außer Verfolgung zu setzen sei (§ 188 I RStPO). – Dass dieser Regelung ein besonderer Bedeutungsgehalt zukommt, zeigt ein kurzer Vergleich mit dem jugoslawisch-serbischem Strafverfahren: ist das richterliche Ermittlungsverfahren in Serbien einmal beendet, werden sogleich die Ermittlungsakten der Staatsanwaltschaft überlassen; diese hat erst dann zu entscheiden, ob sie die Klage erhebt oder das Verfahren einstellt (Art. 257 II serb. StPO). Vergleichbare Regelung galt früher auch in Österreich (§§ 112, 207 österr. StPO a.F. 1975).

Wenn die Meinung vertreten wird, dass das Klageerzwingungsverfahren nach § 170 RStPO (heute § 172 StPO) auf die bezeichnete Stellung der Staatsanwaltschaft nicht hindeutet, weil „ihrer Natur nach der Antrag des § 172 II StPO eine Klage und die Entscheidung nach § 175 StPO ein Eröffnungsbeschluss sind, worüber die verfehlte Konstruktion des § 175 StPO nicht hinwegtäuschen darf",[190] so ist daran richtig, dass in der Sache dem Antrag ans Gericht nach § 172 II StPO ein der Anklage funktionell vergleichbarer Charakter hinzukommt. Aber, es ist eben kein Zufall, dass der Gesetzgeber gerade diese ausgewählte Konstruktion gewählt hat; eben deswegen zeugt ein so gestaltetes Klageerzwingungsverfahren von der erörterten formalen Rolle der Staatsanwaltschaft im Regelstrafverfahren.

Das 20. Jahrhundert brachte jedoch an wichtigen Stellen in der StPO Änderungen, die den Aufgabenbereich und das Vertrauen in die Staatsanwaltschaft anwachsen ließen. Dabei ist vor allem an die Verdrängung des Legalitätsprinzips durch den Opportunitätsgedanken der §§ 153 ff. StPO zu denken; an die starke Vergünstigung der Staatsanwaltschaft im Nationalsozialismus, die nicht ohne einen Ethos-Echo in der Nachkriegszeit

189 S. *Lüttger*, GA 1957, 193, 205.
190 *Dünnebier*, JZ 1961, 312.

geblieben ist[191], sowie an das 1. StVRG, das die Staatsanwaltschaft zur Herrin des Vorverfahrens anwachsen ließ. Zudem kamen auch verschiedene tatsächliche Änderungen im gesellschaftlichen, wissenschaftlichen (Kriminologie, Kriminalistik) und Justizbereich hinzu. So wurde durch die Objektivierung des Beweises, indem etwa anstatt des zu bewertenden Zeugenbeweises strenge(re) „naturwissenschaftliche" Beweismittel traten, die Notwendigkeit einer Urteilung durch den Richter relativiert, weil eine wertende Beweiswürdigung, als Möglichkeit, nicht mehr erforderlich erschien.

Festzuhalten ist vorerst, dass dem ersten Verständnis der Staatsanwaltschaft auch ein Glaube entspricht, dass das eigentlich strafende Organ und *das* Organ der Strafrechtspflege das Gericht ist. Ihm sei die Staatsanwaltschaft allein aus praktischen und prozesspsychologischen Gründen vorgeschaltet. Und selbstverständlich wird es aus dieser Sicht geradezu abwegig erscheinen, an die autonome Strafbarkeitsbeurteilung durch die Staatsanwaltschaft zu denken oder sogar zu behaupten, die Staatsanwaltschaft dürfe sich bei abweichender Rechtsansicht durch Einstellung des Verfahrens über die höchstrichterliche Rechtsprechung hinwegsetzen.

Demgegenüber favorisiert das zweite Verständnis der Staatsanwaltschaft, die Staatsanwaltschaft selbst als einen Kurator des staatlichen Strafanspruchs. Ihre Verfolgungstätigkeit erscheint in dieser Hinsicht gerade nicht mehr als Vordienst für das Gericht, sondern als der eigentliche Grund für die Verurteilung im Hauptverfahren. Die Staatsanwaltschaft des ersten Bildes ist allein die Hebamme einer Verurteilung und die Staatsanwaltschaft des zweiten wäre als ihr Vater zu betrachten. Geht man einmal vom zweiten Bild – rational oder emotiv – aus, so wird es sich als eine Selbstverständlichkeit aufzwingen, die Staatsanwaltschaft autonom über die Strafbarkeit entscheiden zu lassen. Dass diese Autonomie jedoch nur in Bezug auf die Auslegung der strafbarkeitsbegründenden und strafbarkeitsbefreienden Tatbestände des Strafrechts bestehen soll, nicht aber bei der Beurteilung des Strafbarkeitserfordernisses überhaupt, ist ein Absurdum, welches schon bei der Erörterung der Problematik des Legalitätsprinzips erörtert wurde.

191 *Schumacher,* 34.

So meint beispielsweise Fezer, ein Gegner der Bindungsthese, im Sinne des zweiten Bildes: „Der Staatsanwalt hat – entsprechend der Funktion des Ermittlungsverfahrens – eine Verfahrensrolle erhalten, die von der Realisierung der Einzelfallgerechtigkeit geprägt ist: Er soll einen Beschuldigten verfolgen und anklagen, weil er ihn wegen einer konkreten Tat für schuldig hält, nicht weil bisher und anderenorts in gleich gelagerten Fällen Verurteilung erfolgt ist“.[192] Aber hat denn der Staatsanwalt im Strafverfahren tatsächlich eine „Funktion“ erlangt, durch die der Beschuldigte bereits im Ermittlungsverfahren zum Schuldigen wird?

2. Der Hintergrund

Fragt man sich, wie es überhaupt möglich ist, dass zwei Verständnisse von einer Behörde auf solche Weise gleichzeitig in der Meinungsbildung vorschweben, so wird man den Grund am meisten in der Moderne, in einer wechselreichen Epoche des deutschen Strafverfahrens suchen; es liegt außerdem nahe, dass hinter vielen Äußerungen ein „rivalisierender Kompetenzegoismus“[193] steht, wofür signifikant ist, dass gerade die Staatsanwälte die aufdringlichsten Vertreter der eigenen selbständigen Strafbarkeitsbeurteilungskompetenz sind,[194] während andersherum die Richter, wie *Meyer-Goßner*, schlicht eine Bindungsthese vertreten.[195] Jedoch lässt sich als ein gewichtiger Grund auch hervorheben, dass eine gewissermaßen unerträgliche und rivalisierende Parallelität der beiden Staatsanwaltschaftsarchibilder erst durch eine unreflektierte Fortschreibung der systematisch-deduktiven Strafprozesslehre der StPO ermöglicht war.

Die Entstehung der Rechtfertigungsmuster für das zweite Verständnis der Staatsanwaltschaft hat eine lange Geschichte. Schon bald nach dem Inkrafttreten der RStPO im Jahr 1879 kam es zu einer Annäherung des staatsanwaltlichen und richterlichen Standes, indem man die Richter aus den Reihen der Staatsanwälte rekrutierte.[196] Dies etablierte in Deutschland

192 *Fezer*, Strafprozeßrecht, 2. Aufl. 1995, Rn. 2/35.
193 *Schumacher*, Kontinuität und Diskontinuität im Strafverfahren, 1987, 23.
194 Man vergleiche die Ausführungen von *Graalmann-Scherer* in LR[26], § 170.
195 *Meyer-Goßner*, § 141 GVG, Rn. 11.
196 *Schumacher*, 11.

eine hohe Qualität der Staatsanwaltschaft, währenddessen beispielsweise in Serbien, wo eine solche Karriereverknüpfung nicht zu verzeichnen ist, die der RStPO vergleichbare serbische (jugoslawische) Staatsanwaltschaft von Anfang an von besten Juristen gemieden wird und somit im Ergebnis fachlich unter dem Niveau der Rechtssprechungsträger und des Anwaltstandes bleibt. Gesetzgeberisch wurde das ursprüngliche Programm der deutschen Reichsstrafprozessordnung vor allem durch verschiedene den Gedanken der Opportunität verkörpernde Einstellungstatbestände seit dem Jahr 1915 geändert.[197] Durch jede von diesen Änderungen räumte man der Staatsanwaltschaft zusätzliche Rechtsmacht ein. Alle diese Veränderungen wurden jedoch meistens in einer politischen Not ausgeführt und vermochten nicht ein neues Verständnis der Staatsanwaltschaft zu begründen.[198]

Als Geburtsstunde des erweiterten, gerade verherrlichenden Verständnisses der Staatsanwaltschaft wird die Zeit nationalsozialistischer Diktatur angesehen.[199] Dies ist nach *Schumacher* in der damals zeitgenössischen Beschwerde von Richter *Schwarz* zum Ausdruck gekommen: „der königliche Richter kann nicht Diener des Staatsanwalts sein".[200] Der liberal-misstrauerische Gedanke gegenüber der Staatsanwaltschaft wurde von den Nationalsozialisten ohne Hemmung als völlig verfehlt denunziert; man wollte, dass „die mit zusätzlichen Kompetenzen versehene Staatsanwaltschaft gegenüber den Gerichten 'die führende und aktive Stellung' einnehme und damit über die Staatsanwaltschaft die 'politische Staatsführung im Strafprozess bei weitem wirksamer als bisher zur Geltung komme'".[201] Die dazu ergriffenen, später unter alliierter Besatzung größtenteils zurückgenommenen Eingriffe in die Verfahrensordnung wurden in der Bundesrepublik durch das 1. StVRG aus dem Jahr 1974 erneut eingeführt.[202] Das

197 *Schumacher*, 12 f.; *Marquardt*, Die Entwicklung des Legalitätsprinzips, 1982, 60 ff., 83 ff.

198 S. den reichen Überblick bei *Marquardt*, Die Entwicklung des Legalitätsprinzips, 1982, 83 ff.

199 *Marquardt*, 125, *Schumacher*, 23 ff.

200 *Schumacher*, 23.

201 *Schumacher*, 25, mit Nachweisen.

202 *Schumacher*, 34 ff., 43 ff.

Ende des Krieges brachte eine politische Wende, personell wurde jedoch in den Staatsanwaltschaften und Gerichten nur wenig geändert: „damit wurden nämlich einerseits zwangsläufig vorhandene Gewöhnungseffekte an die ständige Machtsteigerung der Staatsanwaltschaft, anderseits aber auch die durchgängig zu beobachtende Kompetenzrivalitäten zwischen Staatsanwaltschaft und Strafgerichtsbarkeit tradiert".[203]

Mit dem 1. StVRG vom 9.12.1974 wurde die Kompetenzverteilung vergleichbar der heute geltenden „wesentlich zugunsten der Staatsanwaltschaft verändert".[204] Die Reform umfasste ein umfangreiches Paket, wobei es vor allem ging, die Rolle des Staatsanwaltschaft dahin anzupassen, dass diese nicht mehr als Misstrauensorgan angesehen wurde und die Rolle des Richters im Vorverfahren nur auf das verfassungsrechtlich gebotene Minimum zu reduzieren.[205] Dies hat vor allem folgendes bedeutet: die Abschaffung der gerichtlichen Voruntersuchung und Zementierung der Herrschaftsrolle der Staatsanwaltschaft im Ermittlungsverfahren. Denn im Gesetzgebungsverfahren der RStPO wurde als „das eigentliche Untersuchungsorgan des Strafverfahrens [...] der Untersuchungsrichter, nicht aber die Staatsanwaltschaft angesehen".[206] Die richterliche Voruntersuchung wurde nach dem In-Kraft-Treten der RStPO *dogmatisch* als *Regelfall* aufgefasst.[207] Die neue Stellung der Staatsanwaltschaft in dem „Untersuchungsabschnitt" (Vorverfahren) wurde unter anderem durch die Befugnis begünstigt, den Zeugen zum Erscheinen und zur Aussage zu verpflichten und gegebenenfalls bei Zuwiderhandlung mit einer Buße zu ahnden; erstmals wurde der Staatsanwaltschaft die Befugnis eingeräumt, die durch Dursuchung erlangten Papiere durchzusehen. Weiterhin wurde die Möglichkeit der Einstellung des Verfahrens durch die Staatsanwaltschaft nach der Erfüllung von Auflagen und Weisungen eingeführt.[208]

---

203 *Schumacher*, 34.

204 *Schumacher*, 35.

205 *Schumacher*, 42 f.; *Wohlers*, Entstehung und Funktion der StA, 1994, 212 f.

206 *Wohlers*, Entstehung und Funktion der StA, 1994, 189.

207 *Wohlers*, Entstehung und Funktion der StA, 1994, 197.

208 Vgl. den Überblick bei *Schumacher*, Kontinuität und Diskontinuität im Strafverfahren, 1987, 43 ff.

3. Spielarten der Vorverständnisse
(besonders zur Gefahr des idealtypischen und prinzipiengeleiteten Denkens)

Dies alles vermag die Anhaltspunkte für das neuere, erweiterte Verständnis der Staatsanwaltschaft zu erklären. Freilich erklärt das an sich noch nicht den Umfang dieses, aber auch nicht des älteren Verständnisses. Dass man sogleich, egal von welchem Verständnis man ausgeht, seine Überzeugung in jeder Ecke des Strafverfahrens erblicken möchte, vermag im wesentlichen mit der unreflektierten Übernahme des alten, auf der Basis der RStPO aufbauenden prozessualen Denkens zu tun haben. Es erscheint erkenntnismethodisch verfehlt, das ganze Gefüge des Strafverfahrens einheitlich zu betrachten, solange es nicht tatsächlich im Rahmen einer rationalen Gesetzgebung[209] wie ein Monolith aus vorgegebenen Maximen geformt ist.[210] Diesem Ideal stand die RStPO sehr nahe. Wurde jedoch das Verfahrensbild der RStPO in vielerlei Hinsicht aus verschiedenen, oft akuten Motiven geändert, so erweist sich eine Weitersuche nach dem einheitlichen grundlegenden Gedanken, auf den man entspannt für das ganze Verfahrensprogramm zurückgreifen kann, als bare Gewohnheit.

Trotz der zahlreichen gesetzlichen, und auch gesellschaftlichen Änderungen – zu denken ist noch an die insgesamt günstigere, vor allem durch *Eberhard Schmidt* verfestigte, Vorstellung, dass die Staatsanwaltschaft ein Organ der Rechtspflege ist,[211] dass sie der Wahrheit und Gerechtigkeit verpflichtet ist; an den tatsächlichen Aufbau des Misstrauens in der Bevölkerung[212]; an die Kompromittierung des Richteramtes in der NS-Zeit; an die besonders in Deutschland auch missverstandenen Ansätze der kritischen Kriminologie zur Stigmatisierung[213]; an die schon erwähnte Wendung zum „objektiven Beweis“ (Verwissenschaftlichung der Kriminalistik); an die Spezialisierung der Staatsanwälte[214]; an die Stärkung der

209 Dazu *Marquardt,* Die Entwicklung des Legalitätsprinzips, 1982, 2 f., 155 ff.
210 Kritisch auch *Zimmermann,* Freiheit und Gebundenheit, 1988, 1 f.
211 Vgl. *Wohlers,* Entstehung und Funktion der StA, 1994, 21 ff.
212 Vgl. *Schumacher,* Kontinuität und Diskontinuität im Strafverfahren, 1987, 46 ff.
213 S. dazu Göppinger-*Bock,* Kriminologie, 6. Aufl. 2008, Rn. 10/65 ff.
214 *Zimmermann,* Freiheit und Gebundenheit, 1988, 80.

Polizei, die normativ unter der Aufsicht der Staatsanwaltschaft steht –, trotz allen dieses zahlreichen Änderungen wird es ein Denkfehler sein, das in zahlreichen *Modalitäten* des Strafverfahrens eingebettete erweiterte Verständnis der Staatsanwaltschaft auch in solche Teile des Verfahrens nach der StPO zu überführen, in denen ein solches Verständnis nicht ausschlaggebend war. Eine durch neue Erledigungsformen bezeugte Organadäquanz bzw. Organkompetenz-Potenz im Sinne, dass die Staatsanwaltschaft eine Aufgabe zuverlässig erledigen kann, bedeutet noch nicht, dass ihr diese Kompetenz durch die Verfahrensordnung geschaffen ist.[215]

Die Verfehltheit des induktiv-deduktiven Schließens lässt sich annäherungsweise am Beispiel der Überlegungen von *Kretschmer* zeigen. Er vertritt die Meinung, dass sich die Staatsanwaltschaft mit der „unabhängigen Rechtsbeurteilungskompetenz" keine Rechtssprechungsmacht anmaßt und meint eine Bestätigung dafür in den „vielfältigen, auch der Staatsanwaltschaft zugewiesenen Einstellungsmöglichkeiten aus Opportunitätsgründen (§§ 153 ff. StPO)" gefunden zu haben.[216] Doch, was für §§ 153 ff. StPO gilt, gilt halt nur für §§ 153 ff. StPO und impliziert darüber hinaus noch eine Organpotenz der Staatsanwaltschaft, selbstständig – wie in den Vorgehensweisen nach §§ 153 ff. StPO (Induktion) – die Strafbarkeit zu beurteilen. Daraus kann man aber nicht umgekehrt („deduktiv") schließen, dass die Staatsanwaltschaft auch im normativen Regelverfahren nach § 152 II StPO zur Strafbarkeitsbewertung befugt ist. Sieht *Kretschmer* sogleich „ein weiteres Argument für die selbstständige Rechtüberzeugungskompetenz der Staatsanwaltschaft" darin, dass es der Staatsanwaltschaft etwa nach der Korrektur der rechtlichen Würdigung durch das eröffnende Gericht nach § 207 II 3 StPO immerhin „erlaubt (ist), ihre abweichende Rechtsauffassung zu äußern",[217] so ist daran die volle Schiefheit dieser Sichtweise ersichtlich. Auch dem Angeklagten und seinem Verteidiger wird es nicht verwehrt, eigene Rechtsüberzeugung zu vertreten, aber es kommt nur auf den rechtlichen Standpunkt des Gerichts an; das Gericht ist nach der

215 Vgl. *Wohlers,* Entstehung und Funktion der StA, 1994, 218.
216 *Kretschmer,* JURA 2004, 452, 454; ähnlicher Vergleich bei *Bottke,* GA 1980, 298, 308 f.
217 *Kretschmer,* JURA 2004, 452, 454.

anerkannten Auffassung vom BGH nicht einmal zum Rechtsgespräch verpflichtet.[218]

Es ist falsch, wenn *Bottke* meint, dass „Ausgangspunkt jeder Auslegung des § 170 StPO nicht die ratio legis des § 121 II GVG sein (kann), *sondern der Sinn und Zweck, den das Gesetz mit Schaffung der StA verfolgte*" (nachträgliche Hervorhebung).[219] Denn die Staatsanwaltschaft ist eine Behörde, der verschiedene Aufgaben zugeteilt oder entzogen werden können; dies mag zwar im Rahmen einer Organadäquanzprüfung als vernünftig oder sogar geboten erscheinen, aber es lässt sich nicht zwingend herleiten. *Bottke* geht jedoch davon aus, dass es ein vorpositives Reservoir der Aufgaben der Staatsanwaltschaft, wie sie ist, gibt. Konsequent reagiert er emotiv auf die Idee, dass die Staatsanwaltschaft zur Anklage trotz eigener Überzeugung von der Nicht-Strafbarkeit verpflichtet ist, jedoch in der Hauptverhandlung eigene Rechtsaufassung vertreten darf: „Ein solcher 'Fluchtweg' erweckt aber allzu sehr den Anschein, nachträglich die Wunden [!] schließen zu wollen, die ein vermeintlich notwendiges Ja zur Anklagepflicht vorher schlug. Denn er mutet der StA mit der Anklage eine Verfahrensweise zu, die ihrem Rechtsverständnis zuwiderläuft, und billigt ihr nur das 'Trostpflaster' zu [!], sich in der Hauptverhandlung durch ein entsprechendes Plädoyer aus der Verantwortung für die Folgen der erhobenen Anklage davonstehlen zu können, ohne dass sich neue Aspekte ergeben hätten. Eine solche 'Lösung' verdient ihren Namen nicht: Sie degradiert die StA zu einer Instanz, die ihre eigenen Worte in der Anklageschrift nicht ernst nimmt [...]".[220] Aber wird dann nicht gerade jeder, juristisch voll ausgebildete Staatsanwalt durch Weisung in seiner Stellung beleidigt; wie sollte dann ein durch § 358 I StPO auf die Rechtsansicht des Revisionsgerichts angewiesenes Gericht um seine Würde kämpfen; und findet man eine ähnliche Überspringung der Rechtsansicht der Staatsanwaltschaft nicht auch im Klageerzwingungsverfahren, wenn es dort auf die rechtliche Beurteilung ankommt; was würde eine solche Denkweise für Staatspräsidenten und weitere Funktionäre bedeuten, die, je nach Verfassung, auch

218 S. dazu KK-*Engelhardt,* § 265, 17.
219 *Bottke,* GA 1980, 298, 307.
220 *Bottke,* GA 1980, 298, 305.

nicht ohne Bezug zur Regierung ihre Meinung vertreten können; und ist es nicht ärgerlich, dass die Verfassungswidrigkeit erst das BVerfG feststellen kann? Bei *Bottke* wurde, leider exemplarisch, eine umrissene prozessuale Frage zum Drama einer potentiellen Berufskrise erhoben. *Lüttger* hat in dieser Hinsicht richtig gemeint: „*Es ist daher keine capitis deminutio, sonder ein Gebot der Rechtstreue,* dass der Staatsanwalt grundsätzlich trotz abweichender Rechtsansicht eine nach höchstrichterlichen Rechtsprechung aussichtsreiche Anklage erhebt“ (nachträgliche Hervorhebung).[221]

Weiter darf eine klar sichtbare Tendenz der Kriminalpolitik, im Sinne der Strafverfahrensreform, nicht als eine dem Strafverfahren innewohnende Tendenz missgedeutet werden. Die auf der klaren kriminalpolitischen Tendenz aufbauenden Änderungen „zu Gunsten“ der Staatsanwaltschaft haben alle ihren gesetzlich klar umrissenen Anwendungsbereich, außerhalb dessen nichts anders als vor der Reform zu gelten vermag. Und dies heißt: abgesehen von dem Sonderfall der Möglichkeit der Staatsanwaltschaft, das Verfahren mit Auflagen und Weisungen einzustellen und somit mit eigener Sanktionskompetenz aufzutreten (§ 153a StPO), bleibt nicht nur im Bewusstsein der Bevölkerung, sondern auch juristisch das Gericht der Hauptpönalist im Staate. Die originäre Tätigkeit der Staatsanwaltschaft, die sich nicht in ihrer allgemeinen Verpflichtung, die objektivste Behörde der Welt zu sein und dem Gesetz, überall wo es möglich ist, zur Geltung zu verhelfen erschöpft, ist nach dem Grundprogramm der geltenden StPO eine *Ermittlungs*tätigkeit in einem *Vor*verfahren.[222] Das *Haupt*verfahren ist ein *gerichtliches* Verfahren. Sogar die Einstellungsmöglichkeit nach § 153a StPO, die am ehesten als ein durch den gegensätzlichen Verfahrenstypus modelliertes Institut betrachtet werden kann (und auch dies nur normativ, weil sie genetisch einer praktischen Überlegung entstammt), ist nur eine kleine Annäherung, da für die Einstellung nach § 153a StPO, die

221 *Lüttger,* GA 1957, 193, 212.

222 Dem entspricht die etwas ältere Bemerkung von *Wohlers,* dass „die Funktion der Staatsanwaltschaft in den Verfahrensabschnitten nach Anklageerhebung in der Diskussion entweder weitgehend ausgeblendet oder lediglich in Teilbereichen behandelt wird“, *Wohlers,* Entstehung und Funktion der StA, 1994, 1994, 21;; *Koppenfels,* Die Bindung der StA, 1969, 69 f.; *Zimmermann,* Freiheit und Gebundenheit, 1988, 86 f.

zumindest ideengeschichtlich zu Gunsten des Beschuldigten erfolgt, eine Zustimmung des Gerichtes erforderlich ist (§ 153a I StPO). – Hat auch im Laufe des 20. Jahrhunderts der Opportunitätsgedanke an so vielen Stellen das Legalitätsprinzip verdrängt, so ist dies gesamtbetrachtet eine kriminalpolitische Tendenz, aber dort, wo das Legalitätsprinzip außerhalb des Anwendungsbereichs der §§ 153 ff. StPO geblieben ist, da herrscht es immer noch, ohne dass in ihm in Bezug auf die alltägliche Rechtsanwendung eine, dort wo es gilt, destrukturierende Tendenz zur Abschaffung innewohnt.

Die Verwechselung der kriminalpolitischen Tendenz mit der tatsächlich nicht existenten inneren Tendenz des Strafverfahrens hat sich in einer Reform-Zeit in den 50er und 60er Jahren des 20. Jahrhundert entwickelt, wo bereits eine gesetzliche Neuregelung der Stellung der Staatsanwaltschaft erwartet war, und mehrmals eine „richtergleiche" Stellung verlangt wurde. Man ging „hektisch anmutend" davon aus „dass schon durch das GG, wenn man den Art. 92 nur sachgemäß interpretiert, die Rechtsstellung der Staatsanwaltschaft gegenüber dem, was sie nach den Absichten der Reichsjustizgesetzgebung von 1877/78 bedeutet hat, grundsätzlich umgestaltet worden ist".[223] Wie gefasst die Stimmen für eine stärkere, wenn auch nicht undbedingt richtergleichen, Staatsanwaltschaft waren, lässt sich auch an der Auseinandersetzung um die Bindungsthese nachweisen.[224]

Damit hängt zusammen, dass von den Verfechtern einer autonomen Strafbarkeitsbewertung der Staatsanwaltschaft teilweise eine Rolle des Gerichts in Strafverfahren imputiert wird, die sich mit den geltenden Vorschriften der StPO überhaupt nicht vereinbaren lässt. So wird beispielsweise die umfangreiche Herrscherrolle des Gerichts in der Hauptverhandlung bei *Koppenfels* raffiniert degradiert, damit die Staatsanwaltschaft als das eigentliche Organ der Strafverfolgung erscheint. Der Staatsanwalt, heißt es bei *Koppenfels*, „hat den materiellen Strafanspruch des Staates durchzusetzen. Er ist verpflichtet, die öffentliche Ordnung in Gestalt des geltenden Strafrechts durchzusetzen, d. h. den Täter, sofern er schuldig ist, der Bestrafung

223 *Eb. Schmidt*, MDR 1964, 629; s. auch *Schmitt*, Zur Frage der Bindung, 1967, 33 ff.
224 Besonders umfangreich *Gabriel*, Ist die StA gebunden, 1969, 64 ff.

zuzuführen...".[225] *Koppenfels* verkennt in seiner Untersuchung grundsätzlich, dass das Grundgesetz nur im Verhältnis der Rechtssprechungstätigkeit ein Monopol im Rahmen der Gewaltenteilung anerkennt; dieser Autor lässt sich durch Idee leiten, dass dem Richter in Strafverfahren nur die Tätigkeit der materiellen Rechtsprechung zukommt (zukommen kann) und schließt, dass der Richter in der Hauptverhandlung „infolgedessen 'nur' zu prüfen (hat), inwieweit das Recht auf die in der Klage bezeichnete Tat und die durch die Klage beschuldigte Person anwendbar ist (vgl. §§ 155, 264 StPO)".[226] Dies ist jedoch eine grobe Verzerrung der Vorschriften, auf die sich *Koppenfels* selbst beruft. Die Rechtsprechungstätigkeit lässt sich, wie die Regeln der ZPO zeigen, auch ohne die inquisitorisch-instruktiven Kompetenz der §§ 155 II, 244 StPO konzipieren. Sieht aber die StPO eine inquisitorische Kompetenz des Gerichts vor, so kann das nicht so gedeutet werden, dass dies nur um des „Rechtserkenntnis-willens" als der genuinen Aufgabe der Rechtsprechung geschieht, weil die Rechtsprechung auch ohne inquisitorische Kompetenz ausgeübt werden kann. Letztendlich ist es *Koppenfels* auch durch diese Verzerrung gelungen zu der Ansicht zu kommen, dass die eigentliche Strafverfolgungsbehörde die Staatsanwaltschaft ist, und dass das Gericht in das Strafverfahren (nur) eingeschaltet wird, „da die Strafverfolgung notwendigerweise auf eine gerichtliche Entscheidung hin ausgerichtet ist".[227]

Es ist ebenso verwunderlich und zugleich signifikant, wenn *Arend*, eine weitere Gegnerin der Bindungsthese, nach einer 80-seitigen Revue der gesetzgeberischen und Ideengeschichte des deutschen Strafverfahrens[228] zum Schluss kommt, dass mit der Rolle der Staatsanwaltschaft im reformierten Strafverfahren, auch ihre autonome Strafbarkeitsbeurteilungskompetenz verbunden ist. Denn *Arend* dokumentiert richtig, dass mit der Reform kein echter Parteienprozess angestrebt war, dass sich die Reformforderungen vielmehr „auf die Einführung eines lediglich in formellen Sinne akkusatorisch, aber materiell weiterhin inquisitorisch strukturierten Verfahrens"

225 *Koppenfels,* Die Bindung der StA, 1969, 71.
226 *Koppenfels,* 71.
227 S. *Koppenfels,* 77.
228 *Arend,* Die Bindung der StA, 1993, 41–126 (von insgesamt 175).

richtete, dass es vor allem um die „psychologische Entlastung des Richteramts ging", dass sich die eigentliche instruktive Vorgehensweise des Richters nicht geändert hat und dass er vielmehr lediglich in der Initiative an die Anklage der Staatsanwaltschaft gebunden war.[229] Aus allen diesen Reform- und Dogmatikeckpfeilern lässt sich die autonome Strafbarkeitsbewertungskompetenz der Staatsanwaltschaft nicht herleiten. Vielmehr sprechen die Einzelheiten der Verfahrensordnung wie die Anklagefiktion bei der gerichtlichen Voruntersuchung, die Klageerhebungsanordnungskompetenz des Gerichts im Klageerzwingungsverfahren und sprachliche Feinheiten für eine *automatisierte* Stellung der Staatsanwaltschaft und gegen die autonome Strafbarkeitsbewertungskompetenz, da sie den auch von *Arend* anerkannten *formalen* Anklageprozess (sgn. Anklageform statt Anklageprinzip) konsequent wiedergeben und zugleich begründen. Bejaht jedoch *Arend* ausdrücklich die autonome Strafbarkeitsbewertungskompetenz, so geschieht dies aufgrund der überraschender assertorischen Wende, indem es nachträglich auf einmal heißt: „Die Übertragung der Anklagefunktion auf die Staatsanwaltschaft hätte konsequenterweise zur Folge haben müssen, dass das gesamte Ermittlungsverfahren in die ausschließliche funktionale Zuständigkeit der neuen Behörde überging".[230]

Erst durch diesen Topos der „Inkonsequenz", der mit einer gesetzgeberischen Fehlleistung verbunden wird[231], wird der Raum erbaut, die autonome Strafbarkeitsbewertungskompetenz zu bejahen, und zwar mit dem deduktiven Rekurs auf die willkürlich selbst aufgestellte, angeblich rein gedachte Stellung der Staatsanwaltschaft, die im Gesetz inkonsequent konkretisiert sei. Dieses Bild der Staatsanwaltschaft wird so stark verontologisiert, dass nach *Arend* auch im Misstrauen gegen diese Behörde „jedoch kein sachlicher Grund (lag), der Anklagebehörde strukturell *ihr zukommende* Ermittlungskompetenzen *zu verweigern*" (nachträgliche Hervorhebung).[232] Das durchgreifende Argument hinsichtlich der aktuellen autonomen Straf-

229 *Arend,* Die Bindung der StA, 1993, 127 f., 130 f.

230 *Arend,* Die Bindung der StA, 1993, 129.

231 Vgl. ebenso bei *Arend,* S.130 zu Partikulargesetzen: „strukturwidrig"; 131: „man (...) übersah, dass der eigentliche Schwerpunkt staatsanwaltlicher Tätigkeit im Vorverfahren liegen musste"; 132: „dogmatische Naivität des Gesetzgebers".

232 *Arend,* 132.

barkeitsbewertungskompetenz wird dann sogleich in der Reform aus dem Jahr 1974 gesehen: „Die seither geltenden Bestimmungen entsprechen der durch den Akkusationsgrundsatz vorgegebenen Zuständigkeitsverteilung zwischen Staatsanwaltschaft und Gericht“.[233]

Jedoch ist es nicht nur aus oben angeführten gesetzessystematischen Gründen, sondern auch aus den Materialien des Gesetzgebungsverfahrens ersichtlich, dass die Schöpfer der RStPO gerade nicht einen prozessuallogischen (umfasst ist damit nicht die rechtsstaatliche Komponente) Selbstzweck der Staatsanwaltschaft anerkennen wollten. Würde das Vorverständnis von *Arend* stimmen, so hätte man etwa erwartet, dass die Motive in der Weise Stellung zu der in der manchen Partikularverfahrensordnungen geltenden Regelung, nach welcher für die Gerichte unterster Ordnung alte inquisitorische Grundsätze (keine Anklage, keine Staatsanwaltschaft) galten, nehmen, dass sie bereuen, dass die Staatsanwaltschaft dort nicht vorgeschaltet wird. Tatsächlich führte man die Kritik jedoch *entspannt* nicht etwa um der Staatsanwaltschaft willen, sondern um des Gerichts willen: „Hat die Gesetzgebung einmal die Form des Anklageprozesses als diejenige welche den Vorzug verdient, anerkannt, so muss bei allen Gerichten ohne Ausnahme der Prozess auf dieser Form aufgebaut, und es darf für die Gerichte unterster Ordnung (...) keine Ausnahme gemacht werden. Andernfalls käme bei diesen Gerichten der Richter immer wieder in die Lage, das Interesse der Strafverfolgung in einem mit seinem Richteramt unvereinbaren Maße wahrnehmen zu müssen, ein Übelstand, welcher gerade den hauptsächlichsten Vorwurf gegen den inquisitorischen Prozess gebildet hat. Bei den Schöffengerichten würde außerdem jene unangemessene Stellung des vorsitzenden Amtsrichters einen der Absicht des Gesetzgebers durchaus widerstreitenden Gegensatz zwischen der Tätigkeit dieses Richters und derjenigen der Schöffen hervorrufen“.[234]

Meint *Arend:* „Um ihre Entscheidung über die Erhebung der öffentlichen Klage möglichst sachgerecht vorbereiten zu können, hätte die Staatsanwaltschaft nämlich die erforderlichen Ermittlungen in eigener

233 *Arend,* 134.
234 Bei *Hahn* III, 145 f.

Kompetenz durchführen müssen",[235] so ergibt dies nur Sinn, wenn man die Anklage materiell, in Sinne einer überzeugten Beschuldigung (Anklageprinzip), und nicht formell im Sinne der Weiterleitung eines Verdachts (Anklageform), unterstellt. Auch *Gabriel*, lässt sich verleiten indem er das Anklageprinzip und die Anklageform nicht unterscheidet.[236] Aber gerade der materielle Anklagebegriff war der RStPO fremd, da auch die gerichtliche Ermittlung (gerichtliche Voruntersuchung) durch eine Anklage nach § 168 I RStPO initiiert wurde. Weiter wird bei *Arend* im Gewand des logischen Schließens und raffinierten Benützung des Konjunktivs imputiert, dass die konsequent gedachte Rolle der Staatsanwaltschaft im Ermittlungsverfahren, in der sie das Verfahren alleine leitet, auch eine Verantwortung für die „Rechtsmäßigkeit" bedeutet, wobei der Leser offenbar unter der Rechtsmäßigkeit auch die Strafbarkeitsbewertung mitdenken soll.[237] Sodann wird diese These dadurch rhetorisch bekräftigt, dass die Staatsanwaltschaft „Herrin des Ermittlungsverfahrens" ist.[238] Dies hat an sich keinen argumentativen Wert und dient lediglich dazu, eine Vorstellung der „Umfassendheit" durch das Wort „Herr, Herrin, herrschen" beim Leser hervorzurufen. Eine Metapher der ästhetischen Rechtssprache („Herrin des Verfahren") wird zum Grund und Berechtigung einer absolutistischen Kompetenzverteilung umgewandelt.

Ein anderer Autor, *Arndt,* meint: „Es ist erstens ihr Sinn und Ziel (der Staatsanwaltschaft), die Macht des erkennenden Richters einzudämmen, indem sie ihm die Inquisitionsbefugnis, d. h. die Initiative nimmt. (...) Diese ihm zum Schutz des Bürgers entzogene Initiativbefugnis würde der erkennende Richter der Intention des Gesetzes zuwider mittelbar zurückgewinnen, dürfte er die StA an seine Rechtsprechung binden und stünde ihm eine Aufsicht über die StA zu."[239] Dabei handelt es sich um eine offensichtliche Imputation der eigenen, erwünschten Vorstellung in die Geschichte, denn der liberale Gesetzgeber war gerade bemüht, die

235 *Arend,* Die Bindung der StA, 1993, 129.
236 *Gabriel,* Ist die StA gebunden, 1969, 109 ff.
237 *Arend,* Die Bindung der StA, 1993, 129.
238 *Arend,* Die Bindung der StA, 1993, 129.
239 *Arndt,* NJW 1961, 1615, 1617.

Sache so schnell an das Gericht zu ziehen; die staatsanwaltliche Tätigkeit wollte er nur aus klugheitspsychologischen Gründen vorschalten.

Außerhalb des rechtspolitischen Kontextes lässt sich das erweiterte Verständnis der Staatsanwaltschaft *allgemein* nicht behaupten. Dazu kommt noch, dass es einer traditionellen Denkweise entspricht, das Strafverfahren, das eigentlich verschiedene Erledigungsmodalitäten kennt, systematisch zu überspitzen. Diese Denkweise wurde im Rahmen des stark prinzipiengeleiteten Strafverfahrensprogramms der RStPO entwickelt. War die – angenommene – prinzipielle monolithische Struktur einmal weg, so ist es falsch, nach der Reform einfach eine andere Monolithenstruktur, nämlich die nach dem erweiterten Verständnis der Staatsanwaltschaft, zu behaupten. Es erscheint verfehlt, immer wieder und um jeden Preis eine Grundstruktur zu suchen, um dann beispielsweise „anhand der Grundstruktur des derzeitigen Strafverfahrensrechts die Funktionen aufzuzeigen, die der Staatsanwaltschaft in den Verfahrensabschnitten nach Anklageerhebung zukommen".[240] Andersrum ist es ebenso falsch, trotz zahlreicher Änderungen der StPO zu behaupten, dass insgesamt die Strafverfahrensordnung bei alten Prinzipien geblieben ist.[241]

Das deutsche Strafverfahren bleibt in dem Regelverfahren nach § 152 II StPO weit von dem Idealtypus eines Strafverfahrens entfernt, in dem als Strafbehörde die Staatsanwaltschaft oder ein vergleichbares (para-)exekutives Organ zu verstehen ist. Das Hauptmerkmal eines solchen Strafverfolgungssystems wäre die Bezeichnung und Ausformung des Verfahrens bei der Staatsanwaltschaft als des *Haupt*verfahrens.

Im Vergleich dazu, hat sich der Gesetzgeber in Kroatien unter dem Eindruck des Strafverfahrens in Italien und der Gerichtsbarkeit vor dem ICTY, aber auch durch die gelungenen und nicht gelungenen Werke der Filmkunst beindruckt, im Jahr 2008 entschlossen, die dem Verfahren nach dem RStPO vergleichbare in Jugoslawien entwickelte Struktur des Strafverfahrens zu beseitigen, und an ihrer Stelle ein stark adversatorisches Verfahren einzuführen, das, wenn auch nicht ganz, einem erweiterten Verständnis der Staatsanwaltschaft entspricht. Es lässt die Staatsanwaltschaft

240 So *Wohlers*, Entstehung und Funktion der StA, 1994, 39.

241 So z.B. *Zimmermann*, 82 f.

als Partei und den eigentlichen Träger des Strafinteresses erscheinen. Dies fällt vor allem dadurch auf, dass die gerichtliche „Hauptverhandlung" eben nicht mehr *Haupt*verhandlung, sondern einfach Verhandlung (vor dem Gericht) heißt. Das ideale Verfahren sollte sich eigentlich zwischen der Staatsanwaltschaft und dem Beschuldigten um einem dem Zwischenverfahren (!) vergleichbaren Abschnitt abspielen, in welchem unter Druck der richterlichen Anklagezulassung „die Parteien" zur Absprache kommen sollen (Art. 360 ff. der kroat. StPO).[242] – Auch der strukturelle Vergleich der Abspracheregelung lässt einsehen, dass das deutsche Regelstrafverfahren auch kriminalpolitisch fern von einem Verfahrenstypus ist, in dem man die Staatsanwaltschaft als eigentliches Organ der Strafpflege und damit verantwortlich für die Kriminalitätshemmung machen kann. Denn die Absprache in Kroatien erfolgt zwischen dem Beschuldigten und dem Staatsanwalt; die Verständigung nach § 257c StPO zwischen dem *Gericht* und anderen Beteiligten.

II. Rechtsmethodologische Vorverständnisse

1. Das Subsumtionsdogma und ihre Gegner

Beachtlich für die Untersuchung sind auch die methodologischen Vorverständnisse, von denen die einzelnen Standpunkte vertreten werden. Denn es geht um die rechtliche Bewertung der Tat; ein Weg zu ihr ist genuiner Gegenstand der – im weiten Sinne verstandenen – juristischen Methodenlehre.

Heghmanns vertritt im Handbuch zum Strafverfahren die Ansicht, dass sich jeder Staatsanwalt bei der *rechtlichen Prüfung die abschließende Klarheit über die Strafbarkeit* verschaffen muss, und dass er an die höchstrichterliche Rechtsprechung keinesfalls gebunden ist.[243] Zu dieser, wie es sich verzeichnen ließ, oft vertretenen Ansicht (vgl. Übersicht, oben § 2, Teil 1) fügte er folgende methodologische Begründung zu: „der Staatsanwalt [muss] sich

242 Verlockend war vor allem die Statistik aus den USA, wo mittlerweile (2004) über 97 % aller Strafverfahren durch Absprache zwischen dem Beschuldigten und den Staatsanwalt „einfach und expeditiv" erledigt werden (zur Statistik: *Luban et al.*, International and Transnational Criminal Law, 2010, 141).

243 *Heghmanns*, Hb zum Strafverfahren, 2008, Rn. V/11.

bei seiner rechtlichen Prüfung des Sachverhaltes abschließende Klarheit über die Strafbarkeit verschaffen. Insoweit stehen ihm nämlich keine schlechteren Erkenntnismöglichkeiten zur Verfügung als dem Richter in der Hauptverhandlung, im Gegenteil: Gesetze und Kommentare lesen sich in der Ruhe des Dienstzimmers weitaus besser als in der Hektik der Sitzung".[244]

In einer subtileren Aufarbeitung findet sich das gleiche methodologische Verständnis bei *Miehe.*[245] Er meint, es wäre hinsichtlich des Eröffnungsbeschlusses nach § 203 StPO – damit wird dies jedoch auch für die Handhabung der rechtlichen Bewertung der Staatsanwaltschaft nach § 170 I StPO gültig –, es wäre verfehlt, die dort niedergeschlagene rechtliche Würdigung als „vorläufige Tatbewertung" zu bezeichnen, weil damit „der Eindruck erweckt werden könnte, als würde die rechtliche Subsumtion im Eröffnungsbeschluss mit minderem Aufwand, geringerer Sorgfalt und weniger hohem Anspruch auf Richtigkeit vorgenommen als im Urteil. Das ist natürlich nicht gemeint [...] Der Sachverhalt, der als zum Nachteil des Beschuldigten hinreichend wahrscheinlich der Subsumtion zugrunde gelegt wird, erfährt eine in allen Richtungen genaue und erschöpfende rechtliche Bewertung, die bezogen auf diesen noch unsicheren, „vorläufigen" Sachverhalt als „endgültig" bezeichnet werden kann".[246]

Schon der Sprachgebrauch von *Heghmanns* und *Miehe* („abschließende Klarheit über die Strafbarkeit", „Erkenntnismöglichkeit", „Subsumtion", „Richtigkeit") offenbart ein voraufgeklärtes deterministisches Verständnis der juristischen Tätigkeit. Auch *Sarstedt,* ein weiterer sehr emotiver Gegner der Bindungsthese, hat sich ähnlich geäußert: „Auslegung des Gesetzes ist nicht Sache des 'Ermessens', wobei dem Auslegenden der Idee nach ein Spielraum bliebe; sie ist vielmehr rechtswissenschaftliche, und das heißt geistig selbstständige Ermittlung des – der Idee nach – *einen* wahres Sinnes der Vorschrift".[247]

Bei *Arend* liest sich: „Auf Rechtsbehauptungen dagegen erstrecken sich staatsanwaltliche und richterliche Verdachtsurteile, Prognosen und

244 *Heghmanns,* Hb zum Strafverfahren, 2008, Rn. V/11.
245 *Miehe,* FS Grünwald, 386 ff.
246 *Miehe,* FS Grünwald, 386 f.
247 *Sarstedt,* NJW 1964, 1752, 1757; Zustimmung bei *Stahl,* Die Bindung der Staatsgewalten, 1973, 181.

Überzeugungen nicht. Zwar lieg etwa ein 'Verdacht' nur dann vor, wenn die vermuteten Tatsachen alle Merkmale eines Straftatbestandes erfüllen. Jedoch ist die Rechtsbehauptung als solche nicht Teil der Hypothese, da die Subsumtion einer Tatsache unter eine Rechtsnorm nicht wahrscheinlich oder unwahrscheinlich, 'wahr' oder 'unwahr', sondern – rechtsmethodisch – richtig oder falsch sein kann".[248]

Koppenfels, ebenso ein Gegner, lässt auch aufgeklärte methodologische Einstellungen durchwehen, hebt aber dessen ungeachtet hervor: „nur eine Rechtsansicht (kann) dem Recht entsprechen"[249]; „was Inhalt und Umfang eines Rechtsbegriffes ist, bestimmt der Gesetzgeber in dem Rechtsbegriff selbst. Die Umsetzung der mehr oder weniger abstrakten Formulierung des Rechtsbegriffes in eine Reihe von konkreten Anhaltspunkten, die Bereitstellung von Fällen wird daher auch von dem Rechtsbegriff, nicht von dem Auslegenden festgesetzt. Die Norm bestimmt die Auslegung, nicht die Auslegung die Norm".[250]

Eine methodologische Auffassung, nach welcher streng rationale Auslegungsmethoden hinzuziehen sind und im Gesetz angelegte „richtige Lösung" herauszuarbeiten ist heute, wie für die Belange des Strafverfahrens *Erb* bereits erörtert hat,[251] als überwunden anzusehen ist. Dass ein Subsumtionsdogma, das mit der deterministischen Haltung und dem Glauben nach dem vorgegebenen „Recht" falsch ist, wird in der modernen Methodenlehre weit anerkannt,[252] und davon geht man auch in den der Methodenlehre konkurrierenden Auffassungen der juristischen Argumentationslehre aus.[253] Dies scheint jedoch mehr den Stand im rechtsmethodologischen Schrifttum als die allgemeine Überzeugung des juristischen Standes zu treffen.[254]

Die wichtigen Äußerungen von *Heghmanns, Miehe* und weiteren angeführten Gegnern der Bindungsthese lassen ein methodologisches

248 *Arend,* Die Bindung der StA, 1993, 146, 152.
249 *Koppenfels,* Bindung der StA, 1969, 38, 37 f.
250 *Koppenfels,* Bindung der StA, 1969, 124.
251 *Erb,* Legalität und Opportunität, 1999, 30 f.
252 Vgl. *Kaufmann,* Das Verfahren der Rechtsgewinnung, 1999, 1 ff., 29 ff.
253 *Neumann,* Juristische Argumentationslehre, 1986, 2 ff., 17 ff.
254 Dazu *Kaufmann,* Das Verfahren der Rechtsgewinnung, 1999, 30, 34.

Vorverständnis aufspüren, nach welchem die Rechtsgewinnung als ein Erkenntnisakt, auch ohne Bezug zum Einzelfall und durch gewisse brave juristische Arbeit am Text, gegebenenfalls an den Motiven und mit weiteren Hilfsmitteln, aber ohne den Bezug zu Feinheiten des Einzelfalls ermittelbar ist. Und vor allem: diese methodologische Haltung impliziert, dass juristische Bewertung völlig rational und erschöpfend und in diesem Sinne immer subjektunabhängig erfolgen kann. Wer die juristische Arbeit so versteht, wird höchstwahrscheinlich nicht begreifen können, wieso eine Strafbarkeitsbeurteilung durch den Staatsanwalt gegen den Gedanken des Legalitäts- und Gewaltenteilungsprinzips verstößt. Denn bei so gearteter methodologischer Betrachtung bleibt ein Gedanke, dass mehrere Entscheidungen (Rechtsansichten) vertretbar sein können, ausgeblendet. Die Frage vereinfacht sich auf den berufssensiblen Diskurs, ob man der Staatsanwaltschaft die Herausarbeitung der einzig richtigen rechtlichen Bewertung überlassen möchte oder nicht, ob man diese Behörde also für juristisch reif und kompetent hält oder nicht.

Meint z.B. *Koppenfels:* „der Staatsanwalt ist verpflichtet (...) den Täter, sofern er schuldig ist, der Bestrafung zuzuführen, wenn aber nicht schuldig, ihn nicht weiter zu verfolgen bzw. seinen Freispruch zu veranlassen“[255], so ist diese Aussage sinnlos, wenn man nicht unterstellt, wie oben bei *Koppenfels* dokumentiert, dass „nur eine Rechtsansicht dem Recht entsprechen (kann)“.[256] Nur unter dieser Voraussetzung – die tatsächliche Verdachtsseite bleibt ausgeblendet – ist überhaupt die Auffassung konzipierbar, dass der Staatsanwalt bereits immer wissen kann und muss, ob vor ihm – in rechtlicher Hinsicht – ein Schuldiger oder Unschuldiger steht.

Geht man *andersrum* davon aus, dass das Subsumtionsdogma eine eigentlich anspruchsvollere juristische Leistung verdeckt und trivialisiert; geht man weiter, die eine Zwingheit vortäuschenden Syllogismus verwerfend, davon aus, dass prinzipiell mehrere rechtliche Würdigungen (Strafbarkeitsbewertungen) vertretbar sind,[257] und geht man von einer entscheidenden

---

255 *Koppenfels,* Bindung der StA, 1969, 38, 58.

256 *Koppenfels,* Bindung der StA, 1969, 38, 37 f.

257 Einschlägig hierzu ist die Schrift von *Neumann,* Wahrheit im Recht, 2004, 37 ff.; auch *Kaufmann,* Das Verfahren der Rechtsgewinnung, 1999, 1, 15 ff.

Bedeutung der Gegebenheiten des zu bewertenden Falles (Tat) für die Rechtsgewinnung aus,[258] so wird man verstärkt geneigt sein, eine richterliche Entscheidung über die Rechtsfrage gutzuheißen zu wollen.

Paradigmatisch für die Gegner einer autonomen Strafbarkeitsbewertungskompetenz der Staatsanwaltschaft ist der methodologische Standpunkt von *Nowakowski.* Er meint:

> „Man begegnet in den Kommentaren und Zeitschriften auf Schritt und Tritt polemische Einstellungen zur höchstrichterlichen Rechtsprechung und kann sich als wissenschaftlich gebildeter Jurist der Erfahrung nicht verschließen, dass im Bereich der Wertung *alles* mehr oder weniger ‘zweifelhaft’ zu sein pflegt. Vorsichtiger gefasst: Der selbstkritische, gewissenhafte Beurteiler wird den ‘intersubjektiven’ Geltungsanspruch seiner eigenen Überzeugung und Gewissheit nicht allzu hoch einschätzen. Fast jede Frage hängt in ihrer Lösung von der Abschätzung verschiedener Interessen, der Einschätzung bestimmter Ziele und Werte oder der Einstellung zu bestimmten Grundproblemen ab. Der einzelne mag seine wohlbegründete, für ihn feststehende Überzeugung von der Richtigkeit oder Unrichtigkeit einer bestimmten Lösung haben. Dennoch wird er in der Regel einräumen müssen, dass man die Dinge auch anders sehen kann. Mit dem intersubjektiven Gestaltungsanspruch formal-logischer Erkenntnisse lassen sich Rechtsfragen kaum einmal entscheiden. (...) Können beide Standpunkte im Gesetz, je nach den Auffassungen und Grundvorstellungen, von denen aus man es versteht, gedeckt werden, so ist die Frage insoweit tatsächlich ‘zweifelhaft’. Gemessen am Gesetz gibt es dann kaum ein ‘richtig’ oder ‘falsch’, sondern nur ein ‘besser so als anders’“.[259]

Trotz der Verdichtung der Argumentation und vielleicht einer Argumentationssättigung, verbleibt ein Raum des Möglichen, der durch ein *Entscheiden,* und dies heißt autoritatives Bestimmen zu „verdunkeln“ ist. Wenn *Lüttger* bei den Überlegungen zum genügenden Anlass i. S. v. § 170 StPO meint, dass es in der Rechtsfrage allgemein kein „unentschieden (non liquet)“ gibt, und dass sich der Staatsanwalt deswegen „für ein ‘Ja’ oder ‘Nein’

258 *Kaufmann,* Das Verfahren der Rechtsgewinnung, 1999, 25 ff.
259 *Nowakowski,* Gutachten, 1964, 43 f.

entscheiden (muss), und darf es nicht bei einem 'wahrscheinlich strafbar oder verfolgbar' bewenden lassen",[260] so kann sich die non-liquet-Idee auf eine Aufforderung und Rolle des Richters beziehen, darf aber nicht, wie bei *Lüttger,* darauf hinauslaufen, dass jeder Ausleger von der Natur der Rechtssache her aufgefordert und fähig ist, die Strafbarkeit entweder zu verneinen oder zu bejahen.

Die Frage der Strafbarkeitsbeurteilung der Tat ist nach alldem keine Frage der Art, wer einen besseren Arbeitstisch hat, und ob der Staatsanwalt (und der Richter) kompetent (fähig) sind, eine vorgegebene juristische Lösung herauszuarbeiten – zu erkennen. Es ist eine prinzipielle *verfahrensrechtliche* und potenziell im Lichte des Art. 92 GG auch staatsrechtliche Frage, wer berufen ist, die repressive Kriminalitätshemmung zu betreiben bzw. über ihre Bedürftigkeit im Einzelfall zu entscheiden.

Und lässt man gelten, dass sich die korrekte Rechtsgewinnung erst durch den Vergleich vom Einzelfall (Tat) mit der abstrakten Regel, ihrer Handlungsmenge bzw. einem festen Bestand der umfassten Fälle, herausarbeiten lässt (analogischer Ansatz), so erblickt man ein methodologisches Handicap in der Arbeit der Staatsanwaltschaft. Denn der Grundmodus ihrer Arbeit ist immer *Verdacht,*[261] auch wenn der zuständige Staatsanwalt voll von der Schuld überzeugt ist. Es entsteht eine Kluft zwischen der Erkenntnisbasis, auf der der Verdacht erwächst, und der für eine vollständige Strafbarkeitswürdigung notwendigen detaillierten und dann auch totalen Kenntnis der Tat als reellem Geschehen. Die Staatsanwaltschaft ist also durch ihre Aufgabe im Tatsächlichen gehandicapt, eine korrekt-abschließende rechtliche Würdigung vorzunehmen, möchte sie die Ermittlung nicht rechtswidrig – oder zumindest: vom Recht eigentlich unerwünscht – ausweiten. Ihre Stellung zum Fall ist mit der gerichtlichen vergleichsweise einfach; eine Skizze im Vergleich zu einem vollen Bild.

Letzter Fundus ist zwar *praktisch* dadurch relativiert, dass man heute versucht, durch die Ermittlung den Verdächtigen vor einer stigmatisierenden (und teuren) Hauptverhandlung zu schonen, während man nach

260 *Lüttger,* GA 1957, 193, 211; ähnlich *Faller,* JZ 1961, 478, 479 f.; *Gabriel,* Ist die StA gebunden, 1969, 1.

261 Dazu *Zimmermann,* Freiheit und Gebundenheit, 1988, 84 ff., 89 ff.

der Vorstellung im Gesetzgebungsverfahren des Kaiserreichs gerade um das umgekehrte bemüht war: den Verdächtigen durch die Übernahme der Sache durch das Gericht von der Exekutive in seiner Freiheit zu schützen. Praktisch ist heute also der Staatsanwaltschaft eine größere Ermittlungsdichte zuzubilligen als einst, aber dies ändert nichts an den Konturen, die ihre Stellung durch das Prinzip des Verdachts erfährt. Wichtig ist dabei zu beachten, dass der Staatsanwalt unter Zeitdruck steht, denn die Entscheidung über die Erhebung der öffentlichen Klage oder die Einstellung ist „unverzüglich zu treffen".[262]

Mit der Fallbezogenheit der Rechtsgewinnung hängt eng zusammen, dass in Anbetracht der verfassungsrechtlich positivierten Bindung der Exekutive und Rechtsprechung an Gesetz *und Recht* (Art. 20 III GG) ein *Rechts*urteil, das auch der Idee des Rechts verbunden ist, eine kritische Überprüfung der rechtlichen Stichhaltigkeit des Gesetzes voraussetzt. Diese ist erst dann möglich, wenn man die Gerechtigkeit des Einzelfalles gegenüber der abstrakten Gerechtigkeit der Regel (des Gesetzes) kontrastieren kann – also erst in Anbetracht der Feinheiten des Einzelfalles. Für den Verdacht einer Straftat genügt eine Annäherung an die – wie auch immer gewonnenen – Merkmale des Tatbestandes; für die kritische Stellung zum – bereits ermittelten – gesetzlichen Tatbestand ist jedoch eine im Ermittlungsverfahren wiederum nicht erwünschte Gewissheit über das tatsächliche Geschehen im Detail erforderlich.

Stimmen die kritischen Stimmen der Kriminologie, dass die deutsche Staatsanwaltschaft „in erster Linie keine Ermittlungs-, sondern eine 'Aktenbearbeitungsbehörde' ist, die ohne eigenen Ermittlungsstab auf überwiegend schriftliche Information angewiesen ist",[263] so lässt sich in Bezug zu den letzten methodologischen Erwägungen die rechtliche Bewertung einer so tätigen Behörde mit der Bewertung eines der Unmittelbarkeit und Öffentlichkeit verpflichteten Gerichtes auch allgemein nicht vergleichen.

---

262 LR[26]-*Graalmann-Scherer*, § 170, 11.
263 *Albrecht*, Kriminologie, 4. Aufl. 2010, 214.

2. Die normative Unmöglichkeit der Staatsanwaltschaft die Strafbarkeit abschließend zu prüfen

Bedenkt man, dass die Tatbestände des Besonderen Teils sowie das materielle Regelungswerk des Strafrechts überhaupt ein Ausfluss der von dem Gesetzgeber erachteten Strafbedürftigkeit sind, und möchte man eine Bestimmung des Gesetzes „richtig auslegen" bzw. für die Rechtsgewinnung korrekt nutzbar machen, so kommt man an den Überlegungen zur Strafbedürftigkeit nicht vorbei. Diese Überlegungen wirken sich zumindest wie ein generelles Vorverständnis auf das Ergebnis der Rechtsgewinnung aus. Bedenkt man weiter, dass es eben das Wesen des *Opportunitätsprinzips* ausmacht, dass das zuständige Organ bzw. die Staatsanwaltschaft über die Verfolgung nach dem Gesichtspunkt der Strafbedürftigkeit entscheidet, und dass dieser Gesichtspunkt intentional durch das *Legalitätsprinzip* ausgeschlossen bleiben soll, so muss man zum Schluss kommen, dass eine methodologisch korrekte und vollständige Einarbeitung der Einzelvorschriften, dort wo Legalitätsprinzip herrscht, für die Staatsanwaltschaft sinngemäß überhaupt nicht möglich, gerade ja verboten ist, weil ihr der Zugriff auf den für die Auslegung maßgebenden Gesichtspunkt der Strafbedürftigkeit (Teleologie) verwehrt ist.

Man nähert sich der Paradoxie der Regeln an: „Keine Regel kann ihre eigene Anwendung regeln. Regeln für die Anwendung einer Regel müssen ihrerseits angewendet werden, ohne ihre eigene Anwendung regeln zu können, usw."[264] Was immer man vom dieser Paradoxie halten möchte, es wäre unerträglich, dieses Paradoxon etwa so aufzulösen, dass die Auslegung der Regeln durch die Staatsanwaltschaft regelfrei erfolgen darf. Dass etwa akzeptabel sei, der Staatsanwaltschaft zu überlassen, bei der Auslegung der Regeln/Tatbestände zu einem Kriterium zu greifen (Strafbedürftigkeit), das durch die Errichtung der Tatbestände und ihre konditionale Programmierung durch das Legalitätsprinzip eben in der Tätigkeit der Staatsanwaltschaft ausgeschlossen sein sollte. Vielmehr spricht diese Regel-Paradoxie in Bezug etwa auf die einzelnen Tatbeständen dafür, dass man um der Regel willen ihren extensiven Gehalt annehmen sollte,

264 *Günther*, FS Simon, 2005, 255, 272.

bis die Hauptverhandlung die Sache aufgreift, weil sich nur so der Grundzweck der legalitätsprinzipbezogenen Verregelung erfüllt.

Bei *Koppenfels,* einem schon erwähnten Gegner der Bindungsthese, wird das Zweckelement beim Auslegen offenbar in der Unbewusstheit des ganzen Opportunitäts-Zusammenhangs einfach-feststellend hervorgehoben: „Der Staatsanwalt handelt niemals in der Person eines unbeteiligten Dritten, sondern immer im Interesse seiner Aufgabe, der Strafverfolgung. Die Entscheidung der über die Erhebung der Anklage oder die Nichteinlegung eines Rechtsmittels ist stets eine Entscheidung über die Verfolgungswürdigkeit, d.h. über das Interesse des Staates, zur Aufrechterhaltung der Strafrechtsordnung weiter auf eine Durchführung von geeigneten Maßnahmen gegenüber dem Delinquenten zu dringen."[265] Dies lässt auf eine mangelnde Sensibilität für das Legalitätsprinzip schließen.

3. Methodologisches Vorverständnis in der Rechtsprechung

Die Rechtsprechung bleibt in großen Teilen, zumindest in der Darstellung (Begründung) der Entscheidung, dem Subsumtionsschema verpflichtet.[266] Als Vorverständnis dürfte die voraufgeklärte methodologische Haltung bei der Entscheidung BGHSt 15, 155 eine gewichtige Rolle gespielt haben. Denn das Gericht geht davon aus, dass es einen vorgegebenen Inhalt der Gesetze gibt, und dass dieser durch das Legalitätsprinzip sowohl Gerichte als auch die Staatsanwaltschaft und andere Behörden *bindet:*

> „Ob ein Strafgesetz verletzt ist und daher Verfolgungszwang besteht, hängt, von ausdrücklichen gesetzlichen Ausnahmen abgesehen, nicht vom Verhalten irgendwelcher Stellen der Bundesrepublik und auch nicht davon ab, ob die zuständigen Behörden pflichtgemäß einschreiten. Es hängt allein von dem Inhalt der Strafgesetze selbst ab. Da diese jedoch kein Eigenleben führen, ist ihre Auslegung und ständige Anwendungspraxis durch die dazu berufenen Gerichte maßgebend,

265 *Koppenfels,* Bindung der StA, 1969, 58, auch Seite 94: „Interesse an der Strafverfolgung".
266 Vgl. *Kaufmann,* Das Verfahren der Rechtsgewinnung, 1999, 30 ff.

auf welche die Anklagevertretung durch Mitwirkung in der Hauptverhandlun öffentlich Einfluss nimmt und zu nehmen hat."[267]

Folgerichtig ersieht der BGH seine Rechtsansicht als zwingendes „Ergebnis" der Inhaltsermittlung, das aus der rechtsprechungs-charakteristischen Handhabung der Gesetze („Rechtsanwendung durch unabhängige Gerichte"[268]) hervorgeht:

„Eine etwa für notwendig erachtete Korrektur von festen Ergebnissen der Rechtsprechung obliegt nicht, auf dem Wege der Handhabung des Anklagemonopols, den Staatsanwälten und der Regierung, sondern, durch Änderung des Gesetzes, allein dem Gesetzgeber, der dann die rechtspolitische Verantwortung für die Änderung zu tragen hat."[269]

267 BGHSt 15, 155, 158.
268 BGHSt 15, 155, 160.
269 BGHSt 15, 155, 161.

§ 5. Synthetisch-abschließende Betrachtung

I. Die Autonomie der Staatsanwaltschaft bei der rechtlichen Bewertung

1. Die prinzipielle Befugnis zur selbstständigen rechtlichen Bewertung

Dass die Staatsanwaltschaft rechtliche Bewertung immer selbstständig vorzunehmen hat, ist wie bei vielen anderen Behörden trivial, soweit man darunter versteht, dass ihre Entscheidungen nicht allein eine Anweisung, etwa des Gerichts, in behördenspezifischer Form transponieren. Richtig wird in diesem Zusammenhang hervorgehoben, dass besonders nach dem 2. Weltkrieg die Staatsanwaltschaft als eine selbstständige Behörde statuiert war, dass ihr Aufgabenbereich mit wesentlich mehr Konfidenz als einst bei der Beratung der RStPO ausgestattet ist, dass sie zumindest funktional keine einfache Verwaltungsbehörde, sondern vielmehr ein Organ der Rechtspflege, der Justiz, sei.

Es ist natürlich die Sache der Staatsanwaltschaft, sich selbständig zu bemühen, die Vorschriften richtig für die Rechtsgewinnung nutzbar zu machen, die Rechtsfragen korrekt zu beantworten.[270] Will die Staatsanwaltschaft beispielsweise § 153 a I 4 StPO anwenden, so kommt es darauf an, was der zuständige Staatsanwalt oder – in Rahmen des Weisungsrechts – sein Dienstoberer unter dem Begriff der Gemeinnützigkeit (gemeinnützige Arbeit) versteht. Immer wenn es darauf ankommt, das Verhalten der Staatsanwaltschaft zu bestimmen, so wird dies nicht präventiv von einer anderen Behörde entschieden, sondern von der Staatsanwaltschaft selbst. Nur ausnahmsweise wird die Staatsanwaltschaft in dieser Hinsicht, etwa

270 Dies betonen vor allem: LR[26]-*Graalmann-Scherer,* § 170, 25; KMR-*Plöd,* (2006), § 170, 5; AK-*Achenbach,* § 170, 11; *Heghmanns,* in: Hb zum Strafverfahren, Rn. V/11; *Lüttger,* GA 1957, 193, 213 f.; *Eb. Schmidt,* MDR 1961, 269, 272; *Gabriel,* Ist die StA gebunden, 1969; *Koppenfels,* Die Bindung der StA, 1969; *Stahl,* Die Bindung der Staatsgewalten, 1973, 169 ff; *Zimmermann,* Freiheit und Gebundenheit, 1988, 99 ff.; *Arend,* Die Bindung der StA, 1993; *Arndt,* NJW 1961, 1615, 1616; *Botke,* JuS 1981, 427, 428; *Roxin,* DRiZ, 1997, 109, 114 ff.

im Rahmen eines Klageerzwingungsverfahrens nach §§ 172 ff. StPO, an eine ihr fremde rechtliche Auffassung im Sinne einer formalen Rechtslehre gebunden.[271]

Jedoch ist durch die Feststellung, dass die Staatsanwaltschaft zur autonomen rechtlichen Bewertung berufen ist, noch nichts darüber gesagt, *welche* Rechtsfrage sich der Staatsanwaltschaft stellt.[272] Sie, die Staatsanwaltschaft, ist organisch selbständig, sie ist ein Organ der Rechtspflege. Sie hat jedoch wie jedes anderes Organ im Staatsgefüge die gesetzlich auferlegte Aufgabe zu erfüllen, und damit die gesetzlich vorgesehene Rechtsfrage zu entscheiden.

Es ist vorstellbar, dass die Staatsanwaltschaft zu entscheiden hat, ob eine Tat strafbar sei oder nicht. Aber es ist genauso vorstellbar, dass die Staatsanwaltschaft statt die Strafbarkeit zu bewerten lediglich zu beantworten (bewerten) hätte, ob ein Verhalten möglicherweise, etwa im Hinblick auf bisherige Rechtsprechung, strafbar sei, und dann die Pflicht hätte, soweit sie die bezeichnete Möglichkeit – wohlbemerkt autonom – bejaht, den Fall dem Gericht durch Erhebung der Anklage zu überlassen. Beides sind Rechtsfragen – zwei verschiedene Rechtsfragen, die die Staatsanwaltschaft autonom in ihrem Aufgabenbereich erledigen soll. Die Bejahung einer Möglichkeit, hohen oder anders gearteten, dass die Rechtsprechung die Tat für strafbar erachten werde, ist keine halbwegs gelöste Rechtsfrage[273]: die Staatsanwaltschaft würdigt rechtlich die Frage dieser Möglichkeit *vollständig*.

2. Die Strafbarkeitsbeurteilung und der Verfahrenskontext

Die hier erörterte Frage nach der autonomen Strafbarkeitsbeurteilungskompetenz bestimmt die Tätigkeit der Staatsanwaltschaft in ihrer zentralen Ermittlungsrolle ganz. Hat die Staatsanwaltschaft die Ermittlung aufzunehmen, soweit sie „von dem Verdacht einer Straftat Kenntnis erhält" (§ 160 I, 152 II StPO), so setzt das Ermitteln bereits voraus, dass die

271 Vgl. etwa *Lüttger*, GA 1957, 193, 222; *Schroers*, FS Wolff, 459, 474 ff., die dies besonders hervorheben.

272 *Nowakowski*, Gutachten, 1964; rudimentär wohl auch *Nüse*, JR 1964, 281, 283; und auch *Koppenfels*, Bindung der StA, 1969, 20 ff. aber merkwürdig ohne Konsequenz.

273 So *Lüttger*, GA 1957, 193, 211.

Strafbarkeit eines Verhaltens zumindest für möglich gehalten wird. Ziel der Ermittlung ist ausdrücklich die Erforschung des Sachverhaltes mit dem Zweck, die Entscheidung vorzubereiten, ob die öffentliche Klage zu erheben ist oder nicht (§ 160 I, 170 StPO).

Nun wäre es vorstellbar, dass der Gesetzgeber explizit bestimmt, welche Rechtsfrage an die Staatsanwaltschaft bei ihrer Ermittlungs- und Anklagetätigkeit gestellt wird – kommt es darauf an, wie die Staatsanwaltschaft die Strafbarkeit der Tat selbständig mit eigenen rechtlichen Erwägungen bewertet, oder kommt es darauf an, dass sie einen Möglichkeitsschluss, etwa aufgrund der bisherigen Rechtsprechung, über die Strafbarkeit zieht. Dies ist freilich in keiner Bestimmung der StPO eindeutig geschehen. Die Strafprozessordnung bestimmt im Konditionalbefehl des § 170 I: „Bieten die Ermittlungen genügenden Anlass zur Erhebung der öffentlichen Klage, so erhebt die Staatsanwaltschaft sie durch Einreichung einer Anklageschrift bei dem zuständigen Gericht“. Es scheint vorerst darauf anzukommen, wie man den *genügenden Anlass zur Erhebung der öffentlichen Klage* i.S.v. § 170 I StPO versteht.

Historisch war der *genügende Anlass* i.S.v. § 170 I von ambivalenter Relevanz. Denn einmal ging es in der gleichen Bestimmung um genügenden Anlass, die gerichtliche Voruntersuchung zu beantragen (nach § 168 RStPO), und das andere Mal um genügenden Anlass, die bereits durch die Staatsanwaltschaft vollständig ermittelte Sache durch Anklage dem Gericht zu überlassen. War einmal die gerichtliche Voruntersuchung im Jahr 1974 weggefallen, so blieb der Anwendungsbereich des „genügenden Anlasses“ nur der, der sich auf die Klageerhebung nach der staatsanwaltlichen Ermittlung richtet. Dieser steht denkrichtig im Bezug zur Prüfungsschwelle der Anklage im Zwischenverfahren (§ 203 StPO), und die ist der *hinreichende Tatverdacht:* „Das Gericht beschließt die Eröffnung des Hauptverfahrens, wenn nach den Ergebnissen des vorbereitenden Verfahrens der Angeschuldigte einer Straftat hinreichend verdächtig erscheint“ (so der § 203 StPO). Festzuhalten ist mit *Achenbach,* dass es sich hierbei nur um einen funktionellen Zusammenhang handelt,[274] und nicht etwa um zwei verschieden ausgefallene sprachliche Formulierungen für eine Sache.[275]

---

274 AK-*Achenbach,* § 170, 9.

275 So *Heghmanns,* in: Hb Strafverfahren, Rn. V/6.

Die unumstritten herrschende Meinung möchte einen hinreichenden Tatverdacht i.S.v. § 203 StPO bejahen, wenn es wahrscheinlich ist, dass es in der Hauptverhandlung zu einer Verurteilung des Beschuldigten kommen wird. Gelegentlich wird auch der Topos erwähnt, dass eine Verurteilung wahrscheinlicher sein muss als Freispruch, und manchmal werden andere erhöhte Anforderungen an die Wahrscheinlichkeit gestellt.[276] Demgegenüber wird von einer Mindermeinung vertreten, dass es darauf ankomme, dass der Staatsanwalt die Prognose trifft, ob er selbst am Ende der Hauptverhandlung wahrscheinlich zu einem Antrag auf Verurteilung gelangen würde. Freilich sind einige Vertreter dieser Meinung überzeugt, etwas anderes als die herrschende Meinung zu behaupten[277], während *Wohlers* und *Schmid* eigene ähnliche Auffassungen eher allein wie eine Formulierung der herrschenden Meinung auffassen.[278]

Schließlich ist im Rahmen des Überblicks zum genügenden Anlass i.S.v. § 170 I StPO und dem hinreichendem Tatverdacht nach § 203 StPO noch zu erwähnen, dass es nach der in den Motiven geäußerten Vorstellung an dem hinreichenden Tatverdacht fehlt, „wenn eine Verurteilung desselben (des Beschuldigten) nicht einmal mit einiger Wahrscheinlichkeit zu erwarten steht".[279] Diese Ansicht hat sich in gewisser Hinsicht auch bei *Eberhard Schmidt* konserviert, heißt es in seinem Kommentar, dass es bei der Prognose darauf ankommt, *ob das Gericht die Hauptverhandlung öffnen werde.*[280] Nur als einen praktischen Rat für den Berufsalltag hat dann

276 LR[26]-*Graalmann-Scherer*, § 170, 23; *Joecks*, § 170, 1 f.; *Pfeiffer*, § 170, 1; *Heghmanns*, in: Hb Strafverfahren, Rn. V/8; *Brodag*, Strafverfahrensrecht, 12. Aufl. 2008, Rn. 149; *Gössel*, Strafverfahrensrecht, 1977, 107; *Haller/Conzen*, Das Strafverfahren, 6. Aufl. 2011, Rn. 192; *Hartmann/Schmidt*, Strafprozessrecht, 4. Aufl. 2012, Rn. 730; *Kindhäuser*, Strafprozessrecht, 3. Aufl. 2013, Rn. 10/2; *Klesczewski*, Strafprozessrecht, 2008, Rn. 328; *Krey*, Dt. Strafverfahrensrecht I, 2006, Rn. 346; *Kramer*, Grundbegriffe, 7. Aufl. 2009, Rn. 267; *Kühne*, Strafverfahrensrecht, 8. Aufl. 2010, Rn. 578 *Volk*, Grundkurs StPO, 7. Aufl. 2010, Rn. 12/4.

277 AK-*Achenbach*, § 170, 9; KMR-Plöd, §170, 4; *Meyer-Goßner*, §170, 1 f.; Hellmann, Strafprozessrecht, 2. Aufl. 2006, Rn. 545; *Roxin/Schünemann*, Strafverfahrensrecht, 27. Aufl. 2012, Rn. 40/7; *Roxin*, DRiZ 1997, 109, 114.

278 KK-*Schmid*, § 170, 3; SK-*Wohlers*, § 170, 25.

279 Bei *Hahn* III, 170 (zum § 167).

280 *Eb. Schmidt*, Lehrkommentar II, § 170, 18.

Eberhard Schmidt formuliert, die Staatsanwaltschaft sollte sich überlegen, ob mit Verurteilung zu rechnen sein dürfte.[281]

Der erbrachte Überblick hat vorerst nur einen dokumentarischen Wert, weil die Stellungnahme der Lehre und Rechtsprechung zum Begriff des *genügenden Anlasses* und *hinreichendes Tatverdachtes* an sich nichts darüber besagt, welche Rechtsfrage im oben bezeichneten Sinne sich an die Staatsanwaltschaft stellt – ob eine autonome Strafbarkeitsbeurteilung oder eine Prognose der Strafbarkeit in den Händen der Rechtsprechung. Vielmehr kommt es genau umgekehrt für die Bestimmung des *genügenden Anlasses* und des *hinreichenden Tatverdachtes* darauf an, wo man die Strafbeurteilungskompetenz erblickt – beim Gericht, bei der Staatsanwaltschaft, oder bei beiden.[282]

3. Die Bestimmung der Rolle der Staatsanwaltschaft im Regelstrafverfahren

Die ältere Literatur ging mit wenigen Ausnahmen davon aus, dass die Staatsanwaltschaft durch eigenständige Strafbarkeitsbeurteilung den Fall den Gerichten nicht entziehen dürfe.[283] Dies wurde vor allem durch zwei Topoi durchgedacht: (1) die Bindung an die (ständige höchstrichterliche) Rechtsprechung, und (2) die Pflicht, die Lösung der Zweifelsfragen der gerichtlichen Entscheidung zu überlassen.

Dieser Ansicht entsprach die Vorstellung, dass die Staatsanwaltschaft dem Gericht nur aus praktisch-ökonomischen und klugheitspsychologischen Gründen vorgeschaltet war, und dass das Gericht der eigentliche Pönalist im Staate ist. Dem entsprach auch der Standpunkt in den Motiven zur RStPO, dass es an dem hinreichenden Verdacht dann fehlt, „wenn eine Verurteilung desselben (des Beschuldigten) nicht einmal mit einiger Wahrscheinlichkeit zu erwarten steht".[284] Auch die Ansicht von *Dohna* gliedert sich hier ein: „zur Erhebung der Anklage muss also ein geringe-

281 *Eb. Schmidt,* Lehrkommentar II, § 170, 18.

282 Vgl. *Koppenfels,* Bindung der StA, 1969, 20 f.; *Schmitt,* Zur Frage der Bindung, 1967, 29.

283 Dazu der Überblick oben, § 2, Teil III (S. 37).

284 Bei *Hahn* III, 170 (zum § 167).

res Maß von Wahrscheinlichkeit für genügend erachtet werden".[285] *Hippel* schreibt noch im Jahr 1941: „Genügender Anlass ist gegeben, wenn eine Verurteilung in tatsächlicher und rechtlicher Hinsicht als so ernsthaft möglich erscheint, dass es gerichtlicher Entscheidung bedarf".[286] Aber auch die von *Eberhard Schmidt* vertretene Auffassung, dass es bei der Klageerhebungsentscheidung auf die Prognose ankommt ob das Gericht im Zwischenverfahren die Eröffnung der Hauptverhandlung anordnen werde, lässt sich hier gut behaupten.

Diese Ansicht zur Rolle der Staatsanwaltschaft blieb die herrschende. Sie war vor allem in gängigen Kommentaren vertreten, bis zu der Emanzipation der Staatsanwaltschaft nach dem nationalsozialistischen Regime und der starken Reformbewegung, die sich auf eine eklektische Weise für die stärkere Stellung der Staatsanwaltschaft eingesetzt hat. Die Einsicht in das fachliche Potenzial der Staatsanwaltschaft und der Wegfall des früher immanenten Misstrauens, brachten wichtige Änderungen wie die Sanktionsbefugnis der Staatsanwaltschaft im Verfahren nach § 153a StPO. Darauf beruht auch die Forderung, die Staatsanwaltschaft als eine Behörde mit „Eigenkompetenz in Strafsachen"[287] zu etablieren, und die Abschlussverfügung als eine dem Gericht vorgeschaltetes Entscheiden über die Strafbarkeit zu verstehen. Dieser Ansicht entspricht es, wenn jegliche Verpflichtung der Staatsanwaltschaft, den rechtlichen Ansichten der Rechtsprechung Folgschaft zu leisten, abgelehnt wird, wenn also die autonome Strafbarkeitsbeurteilungskompetenz bejaht, und gleichwohl behauptet wird: bei § 170 I StPO komme es darauf an, ob die Staatsanwaltschaft davon ausgeht, dass sie nach der Hauptverhandlung für den Schuldspruch plädieren werde. Die letzte Folge haben die Anhänger der autonomen Strafbarkeitsbeurteilungskompetenz der Staatsanwaltschaft spät gezogen und lange selbst am Kriterium der Verurteilungswahrscheinlichkeit festgehalten.[288]

Es ist von höchster Bedeutung, vorsichtig vorzugehen und einen Sta-

285 *zu Dohna*, Das Strafverfahren, 1913, 141.

286 *Hippel*, Der dt. Strafprozess, 1941, 482.

287 Die Formulierung wurde aus einem anderen Kontext dem Aufsatz von *Rüping*, ZStW 95 (1983), 894, entnommen.

288 *Roxin*, DRiZ 1997, 109, 114.

tusbereich der Staatsanwaltschaft vom zugeteilten Kompetenzberiech im Verfahren zu unterscheiden. Der Gedanke der autonomen Strafbarkeitsbeurteilung, der etwa in der Reform für § 153a StPO konstituierend war, lässt sich nicht so verstehen, als ob er in dem Wesen der Staatsanwaltschaft innewohnen würde und in jeder Verfahrensecke ans Licht geführt zu werden wartet.[289] Vielmehr hängt die Rolle der Staatsanwaltschaft im Verfahren nicht (nur) von ihrem „Wesen", einer abstrakten und allgemeinen Vorstellung ihrer Funktion, sondern hauptsächlich von der Kompetenzzuteilung durch die Verfahrensordnung ab. Man mag behaupten, dass eine Kompetenzverteilung das Aufgabenpotenzial (Organadäquanz) einer Behörde nicht erschöpft, aber das heißt nicht, dass die nicht zedierten Aufgaben der Sache nach zediert werden müssen, oder von sich selbst aus zum Kompetenzbereich der Staatsanwaltschaft tendieren.

Für die Bestimmung der Rolle der Staatsanwaltschaft im Regelstrafverfahren nach § 152 II StPO (Legalitätsprinzip) sind die im Teil § 3 und § 4 dieser Arbeit erörterten Punkte folgendermaßen relevant:

Auszuschalten ist der Rekurs auf das Gewaltenteilungsprinzip als den Hintergrund einer organischen Selbstständigkeit.[290] Ebenso ohne unmittelbare Bedeutung ist die durch § 150 GVG etablierte Selbstständigkeit der Staatsanwaltschaft.[291] Denn eine organische Selbstständigkeit zeugt nur vom Potenzial eines Organs, eine Aufgabe zu erfühlen. Ob sie ihm tatsächlich zusteht, richtet sich nach der Kompetenzzuteilung im Rahmen der Verfahrensordnung.[292] Aus der Verfassungsstellung der Staatsanwaltschaft lässt sich ihr Kompetenzbereich zwingend nicht konstruieren. Nur bei gewaltigen Gewaltverschiebungen und Anhäufungen wird es möglich, von der Verletzung der Gewaltenteilung, um die sich die Staatsrechtslehre kümmert, zu sprechen.[293]

Aufschlussreich erscheint dagegen die Entscheidung des Gesetzgebers für das Legalitätsprinzip im normativen Regelverfahren zu sein (§ 152 II StPO). Die Entscheidung für das Legalitätsprinzip wirkt sich verengend

289 Dazu oben, § 4, Teil I. (S. 81).
290 Dazu oben, § 3, Teil II. 2. (S. 51).
291 Dazu oben, § 3, Teil II. 4. (S. 70).
292 Dazu oben, § 3, Teil II. 2. d. (S. 61);; und § 4, Teil I. 3. (S. 88).
293 Dazu oben, § 3, Teil II. 2. e. (S. 63).

auf jede Kompetenz (Zuständigkeit) der Staatsanwaltschaft, deren Ausübung dem Gericht den Fall „entziehen würde", aus.[294] Das Legalitätsprinzip schließt aus normativ-methodologischen Gründen die Kompetenz (Fähigkeit) der Staatsanwaltschaft, die Tat rechtlich abschließend zu beurteilen, aus, da eine korrekte Rechtsgewinnung ohne die durch das Legalitätsprinzip ausgeschalteten Überlegungen zur Strafbedürftigkeit nicht möglich ist.[295]

Im Grunde ist auch dem vor allem von *Karl Schäfer* entwickelten Ansatz beizupflichten, nach welchem die autonome Strafbarkeitsbeurteilung durch Staatsanwaltschaft dem Bestreben nach Rechtseinheit, und aus individueller Sicht der Gleichheit, zuwiderläuft.[296] Denn der Gesetzgeber hat sich große Mühe gegeben, durch den Rechtsmittelzug und die Vorlagepflicht nach § 121 II GVG einen Weg zur Rechtseinheit zu schaffen, den die eigensinnige Einstellungsverfügung der Staatsanwaltschaft sperren würde. Dagegen wird eingewendet, dass die Rechtseinheit keinen allzu hohen Wert hat. Dies zeige das Fehlen der Vorlagepflicht im Klageerzwingungsverfahren exemplarisch. Jedoch kann dies auch so gedeutet werden, dass auch eine richterliche Entscheidung im Klageerzwingungsverfahren den Weg des womöglich strafbaren Falles in die Hauptverhandlung und damit zur Rechtseinheit nicht sperren darf.

Die Rechtseinheit hat nicht nur einen ästhetischen Wert; vielmehr ist im Bereich des materiellen Strafrechts das Ringen um eine räumlich übergreifende Rechtseinheit, eine hinsichtlich der Bundesstaatlichkeit und der Kompetenzaufteilung nach Art. 71 ff. GG auch staatsrechtlich sensible Frage. Denn eine autonome Strafbarkeitsbeurteilungskompetenz der Staatsanwaltschaft bedeutet zugleich eine *landesspezifische* Autonomie im Gegensatz zum bundesstaatlichen materiellen Strafprogramm. Eine Ausnahme stellen nur jene Verfahren dar, in welchen der Generalbundesanwalt „erstinstanzlich" tätig wird.

Die herrschende, vor allem in gängigen Kommentaren vertretene, Meinung der älteren Autoren, die in gewisser Hinsicht der Genese der StPO näher waren, zeugt von einer Vorstellung, bei der das Gericht als eigent-

294 Dazu oben, § 3, Teil II. 1.(S. 43).
295 Dazu oben, § 4, Teil II. 2.(S. 105).
296 Dazu oben, § 3, Teil II. 3. a. (S. 64).

licher Pönalist im Staate verstanden wird, während ihm die Staatsanwaltschaft allein aus praktisch-ökonomischen und klugheits-psychologischen Gründen vorgeschaltet war. Dieses Verständnis verkörpern auch zahlreiche Bestimmungen der StPO in ihrem sprachlichen und normativen Gewand – die abgeschaffte richterliche Voruntersuchung, die Klage*anordnungs*kompetenz im Klageerzwingungsverfahren, die sprachliche Unterscheidung von Vor- und Hauptverfahren.[297] Unter sprachlichen, aus heutiger Sicht eher kurios erscheinenden Gegebenheiten, ist hervorzuheben, dass man im 19. Jahrhundert geläufig unter der „Strafverfolgung" auch in einem Verfahren mit der vorgeschalteten Staatsanwaltschaft exklusiv die Tätigkeit des Gerichts verstand. Dies lässt sich vielleicht auch in den Motiven belegen:[298]

> „Die Vorschriften des § 136, nach welcher die erhobene öffentliche Klage von der Staatsanwaltschaft *nach* eröffneter Untersuchung nicht mehr zurückgenommen werden darf, entspricht dem in Deutschland schon jetzt geltenden und wohlbegründete Rechte. (...) Ihr (der Staatsanwaltshaft) steht zwar die Initiative der Strafverfolgung zu; hat sie aber einmal das Richteramt mit einer Klage befasst, so entspricht es eben so sehr dem Wesen einer Straffsache als der Würde des strafrechtlichen Amtes, dass der Fortgang der Sache dann nicht mehr dem einsteigen Ermessen der Staatsanwaltschaft unterstellt bleiben darf..."[299]

Auch das sprachliche Gewand der ursprünglichen Formulierung von § 152 II StPO dürfte wenigstens in gewisser Hinsicht für die alte Auffassung stehen: „Zur Erhebung der öffentlichen Klage ist die Staatsanwaltschaft berufen. Dieselbe ist, soweit nicht gesetzlich ein Anderes bestimmt ist, verpflichtet, wegen aller *gerichtlich strafbaren und verfolgbaren* Handlungen einzuschreiten, sofern zureichende tatsächliche Anhaltspunkte vorliegen". Zwar wurde bereits, als diese Formulierung noch in Kraft war eingewendet, es sei abwegig, daraus, etwa mit der Deutung, dass „gerichtlich strafbar ist alles, was nach Auffassung der Gerichte strafbar ist", auf die Bindungsthese zu schließen.[300] Vielmehr sei der Sinn dieser Bestimmung,

297 Dazu oben, § 4, I. (S. 81).
298 Bei *Hahn* III, 147..
299 Bei *Hahn* III, 147..
300 *Gabriel,* Ist die Staatsanwaltschaft gebunden, 1969, 168 f.

das Legalitätsprinzip nicht für die Ordnungswidrigkeiten und Disziplinarsachen gelten zu lassen.[301] Dies mag richtig sein, mindert jedoch nicht die Tatsache, dass dieser Sprachbrauch eine Vorstellung vom Gericht als dem eigentlichen Strafverfolger impliziert.

Es ist mit *Nowakowski* festzuhalten, dass eine Forderung nach der autonomen Strafbarkeitsbeurteilungskompetenz systemwidrig ist, solange man auch im Bereich des Tatsächlichen der Staatsanwaltschaft nicht zuspricht, über das Geschehen zu urteilen.[302] Ein Verdachtsmodus im Tatsächlichen und ein Überzeugungsmodus im Rechtlichen, lässt sich nur auf Grundlage eines voraufgeklärten Haftens am Subsumtionsschema behaupten,[303] und selbst dann nur bei „bestimmten Rechtsbegriffen", im Gegensatz zu den unbestimmten. Wollte etwa früher *John* entgegen der damals herrschenden Meinung, die Staatsanwaltschaft unmittelbar über die Strafbarkeit der Tat entscheiden lassen, so hing das nicht nur damit zusammen, dass er unter der Ansicht der Staatsanwaltschaft allein die Ansicht des leitendes Staatsanwaltes im Lande verstand, sondern auch eng damit, dass er die Rechtsfragen verengt als Fragen der – durch allgemeine Weisungen regelbare – Grundinterpretation eines gesetzlichen Tatbestandes zu verstehen scheint.[304]

Wird dem Gericht im Hauptverfahren die Kompetenz gegeben, sich im Rahmen der Tatprüfung im prozessualen Sinn die Überzeugung vom Tatsächlichem und Rechtlichen zu verschaffen, so führt dies, nimmt man eine autonome Strafbarkeitsbeurteilungskompetenz der Staatsanwaltschaft an, zwangsläufig zur objektiven Willkür des staatlichen Strafens, weil die Gerichte auf der Grundlage des festgestellten Tatgeschehens eine Handlung strafen können, die die Staatsanwaltschaft aus eigener Strafbarkeit(nicht) Überzeugung nie hätte anklagen wollen. Kennt die StPO keine Regel zum Verhinderung dieser Kuriosität, so spricht das zusätzlich dafür, dass die einschlägigen Befugnisse rechtlich nicht gewollt sind.[305]

Ein banaler Vergleich lässt sich auch mit der Hinzuziehung des mate-

301 *Gabriel,* 168 f.

302 *Nowakowski,* Gutachten, 1964, 26 ff.

303 Dazu oben, § 4, Teil II. 1. (S. 98).

304 S. *John,* Strafprozessordnung, 1888, 405 f.

305 Dazu oben § 3, Teil II. 3. b. (S. 67).

riellen Rechts zumindest rhetorisch lohnen. Erkundigt sich nämlich der Bürger bei der Staatsanwaltschaft über die mögliche Strafbarkeit seiner Handlung, „um einen Rechtsirrtum auszuschließen“, handelt er anschließend in der Vorstellung, dass er kein Unrecht begeht, und wird sodann (von einer anderen Staatsanwaltschaft) seine Tat ermittelt und verfolgt und zum Gericht durch Anklage erhoben, so wird er nicht wegen der – durch die Staatsanwaltschaft „festgestellten“ – Straflosigkeit seines Verhaltens, sondern wegen der Unvermeidbarkeit seines Verbotsirrtums frei gesprochen (§ 17 StGB). Man lässt hier also die „Fallnorm“, die die Strafbarkeit bestimmt, stehen. Würde man jedoch normativ eine Rolle der Staatsanwaltschaft in der Strafverfolgung annehmen wollen so wäre es konsequenter, davon auszugehen, dass die Handlung des Bürgers in Bezug auf die „Fallnorm“ ganz und gar nicht strafbar war. Das Gericht müsste, wenn die Sache überhaupt zu ihm kommt, die Erkundung durch die Staatsanwaltschaft als Dispens verstehen.

Für eine autonome Strafbarkeitsbeurteilungskompetenz der Staatsanwaltschaft spricht vor allem das oft behauptete liberale Prinzip der doppelten Bejahung der Strafbarkeit.[306] Es scheitert jedoch an der Gesamtstruktur des Verfahrens (Herrschaft des Gerichts in der Hauptverhandlung) und an den unerwünschten Ergebnissen, die es erzielen würde (Leerlauf der Tatbestände).

Ein beachtlicher Teil des Schrifttums wirft den Anhängern einer breit verstandenen Bindungsthese vor, dass sie inkonsequent verfahren, indem sie die Staatsanwaltschaft bei einer Rechtsprechung, die einen Freispruch vermuten lässt, anklagen lassen, andersrum aber die Staatsanwaltschaft auffordern, entgegen ihrer Rechtsansicht Klage zu erheben, wenn aufgrund der Rechtsprechung eine Verurteilung als möglich oder sogar wahrscheinlich erscheint.[307] Eine Inkonsequenz stellt die hier vertretene Ansicht nicht dar, weil man in beiden Fällen die Staatsanwaltschaft nach eigenen Rechtsansichten handeln lässt.

306 Dazu oben, § 3, Teil II. 5. (S. 74).

307 *Fezer*, Strafprozeßrecht, 2. Aufl. 1995, Rn. 2/35; *Roxin/Schünemann*, Strafverfahrensrecht, 27. Aufl. 2012, Rn. 9/14; *Otto/Bosch*, Übungen im Strafrecht, 7. Aufl. 2010, 409; *Eb. Schmidt*, MDR 1961, 269, 272; *Arndt*, NJW 1961, 1615, 1617; 272 *Roxin*, DRiZ, 1997, 109, 114, 115; *Kretschmer*, JURA 2004, 452, 454.

Nach alldem lässt sich mit Gründen behaupten, dass der Staatsanwaltschaft im Regelverfahren nach § 152 II keine autonome Strafbarkeitsbeurteilungskompetenz zusteht. Im Ergebnis ähnelt dies der behaupteten Bindungs- oder Präjudizienwirkung. Aber wie bereits ausgeführt: den *Gegnern* einer jeden Bindungsthese ist *zuzustimmen,* dass der Staatsanwaltschaft eine Kompetenz (Befugnis) zukommt, die Rechtsfragen *autonom* zu beantworten. Dafür, dass sie darauf in zahlreichen Schriften bestanden haben, kommt ihnen ein großes Verdienst zu. Auch in allen fünf bzw. sechs Monografien zur Frage der Bindung der Staatsanwaltschaft an die Rechtsprechung[308] wird zum Untersuchungsergebnis geschlossen, dass die Staatsanwaltschaft, von den Ausnahmen abgesehen (§ 172 StPO), die rechtliche Würdigung selbstständig (autonom, eigensinnig) vornehmen darf und muss. Der wahre kognitive Gehalt der Bindungsthese liegt jedoch *nicht* im Bestreiten der Fähigkeit und der Befugnis der Staatsanwaltschaft, die Rechtsfrage selbstständig zu beantworten, sondern in der *Bestimmung* der für das Vorverfahren ausschlaggebenden Rechtsfrage. Es lohnt sich an dieser Stelle ein Kurzvergleich mit der Rechtslage in der Schweiz:

Das Schweizerische Bundesgericht meint bezüglich der Klageerhebung allgemein: „als praktischer Richtwert kann daher gelten, dass Anklage erhoben werden muss, wenn eine Verurteilung wahrscheinlicher erscheint als ein Freispruch".[309] Dies ist mit der herrschenden Meinung in Deutschland vergleichbar. Jedoch nehmen dort sowohl die Lehre, als auch das Bundesgericht und andere Gerichte einhellig an,[310] dass der Staatsanwaltschaft sowohl die Verfahrenskompetenz, die Beweiswürdigung vorzunehmen und den Sachverhalt festzustellen, als auch die Befugnis, den Sachverhalt rechtlich zu bewerten *fehlt:* „Es ist Sache des Gerichtes, darüber zu befinden, ob sich jemand im strafrechtlichen Sinne schuldig gemacht hat oder nicht; die Staatsanwaltschaft hat nur dann einzustellen, wenn eine

308 *Schmitt,* Zur Frage der Bindung, 1967; *Gabriel,* Ist die StA gebunden, 1969; *Koppenfels,* Die Bindung der StA, 1969; *Stahl,* Die Bindung der Staatsgewalten, 1973, 169 ff; *Zimmermann,* Freiheit und Gebundenheit, 1988, 99 ff.; *Arend,* Die Bindung der StA, 1993.

309 Entscheidung des schw. Bundesgerichts vom 11.04.2008 – BGer 6B 588/2007, Punkt 3.2.3.

310 Vgl. Basler Kommentar – *Grädle/Heiniger,* Art. 319 schw. StPO, Rn. 8 ff.; Donatsch/Hansjakob/Lieber-*Landshut,* Art. 319 schw. StPO, Rn. 15 ff., 19 f.

Hauptverhandlung als Ressourcenverschwendung erscheinen müsste".[311] Anders als bei vielen Gegnern einer Bindungsthese in Deutschland, scheint man in der Schweiz ein waches methodologisches Verständnis zu finden, das die Rechtsgewinnung nicht durch die Vorstellung eines einfachen Syllogismus trivialisiert:

> „Vielfach sind hingegen die rechtlichen Voraussetzungen der Strafbarkeit weniger offensichtlich nicht gegeben, so dass gerade dieser Einstellungsgrund in der Praxis besonders viele Abgrenzungsprobleme schafft, da die Grenze zwischen strafbaren und straflosen Verhalten oft durch *schwer fassbare Gesetzesbegriffe* wie die *Arglist* beim Betrugstatbestand oder die *Fahrlässigkeit* bestimmt wird. Ob eine täuschende Handlung arglistig ist, bietet regelmässig Diskussionsstoff, wie die umfangreiche Judikatur dazu eindrücklich belegt. Ähnlich verhält es sich mit dem *Gesinnungsmerkmal* der *Skrupellosigkeit,* dessen vorliegen über die Strafbarkeit der Lebensgefährdung entscheidet. In solchen Fällen ist bei der Annahme der fehlenden Tatbestandsmässigkeit besondere Zurückhaltung zu üben und in Befolgung des Grundsatzes *in dubio pro duriore* grundsätzlich (die Sache dem Gericht) zu überweisen."[312]

Den Grundsatz *in dubio pro duriore*, der in Deutschland vereinzelt etwa von *Kries* und *Birkmeyer* propagiert wurde,[313] hat man in der Schweiz zum tragenden Prinzip des Straf(vor)verfahrens ausgebaut. Es ist in der neuen, am 01.01.2011 in Kraft getretenen, schweizerischen StPO nicht ausdrücklich bestimmt. Es wurde jedoch bei ähnlicher normativer Lage wie in Deutschland in einer vor Kurzem amtlich gedruckten Entscheidung des Schweizerischen Bundesgerichts voll bestätigt. Es heißt dort: „Eine Einstellung durch die Staatsanwaltschaft (darf) nur bei klarer Straflosigkeit bzw. offensichtlich fehlenden Prozessvoraussetzungen erfolgen".[314]

311 Basler Kommentar – *Grädle/Heiniger,* Art. 319 schw. StPO, Rn. 8, 9.

312 Basler Kommentar – *Grädle/Heiniger,* Art. 319 schw. StPO, Rn. 9.

313 *Kries,* Lehrbuch des dt. Strafprozeßrechts, 1892, 483 f.; *Birkmeyer,* Dt. Strafprozessrecht, 1892, 588 f.

314 Entscheidung des Schw. Bundesgerichts vom 11.07.2011 – BGE 1B 123/2011, Punkte 7.1 f., 8.4 [neulich abgedrückt in der Sammlung der Entscheidungen des Schweizerischen Bundesgerichts (BGE) 137 IV 219, mit der gleichen Nummerierung].

Es scheint richtig zu sein, dass die Rechtsprechung in der Schweiz den Grundsatz im Zweifel für die Anklage oder anders konkretisiert *in dubio pro duriore* dem Art. 324 I schw. StPO entnimmt.[315] Eine Vorschrift, die auf vergleichbare Weise wie ihr funktionales Pendent in Deutschland (§ 170 I i.V.m. § 203 StPO) den Gedanken des Legalitätsprinzips verkörpert. Die schweizerische Ansicht wirft Licht darauf, dass es bei der Frage der autonomen Strafbarkeitsbeurteilung der Staatsanwaltschaft nur mittelbar um die Frage der staatsanwaltlichen Kompetenz geht. Primär geht es um die Verfahrenskompetenz aller mit der Sache vor dem Hauptverfahren befassten Organe, die im Regime des Legalitätsprinzips entscheiden – also auch des Gerichtes im Klageerzwingungs- und im Zwischenverfahren oder des Untersuchungsrichters in Rechtsordnungen, die eine richterliche Voruntersuchung (Ermittlung) kennen.

Dafür, dass die Bestimmung der für das Vorverfahren ausschlaggebenden Rechtsfrage nicht im Sinne des Entscheidens über die Strafbarkeit der Tat, sondern im Sinne der Feststellung der möglichen Strafbarkeit vor dem Gericht gestellt werden soll, sprechen noch folgende, bisher nicht erörterte Überlegungen:

Würde man davon ausgehen, dass die Staatsanwaltschaft nur dann anklagt, wenn Sie *auch aus eigener Überzeugung* die Strafbarkeit der Tat bejaht, so würde das den vor allem von *Schünemann* seit 30 Jahren erforschten Effekt der Perseveranz und des Schulterschlusses in der Hauptverhandlung bis zur Unerträglichkeit verstärken.[316] In der Hauptverhandlung entstünde ein Druckgemüt, dass der Fall bereits, zumindest rechtlich, entschieden ist. Das Bewusstsein, dass die Staatsanwaltschaft *auch ohne* eigene Überzeugung anklagen kann, stellt eine wichtige psychologische Entlastung für den Richter, der den Angeklagten freisprechen will, dar und ermöglicht ihm eine wesentlich weniger voreingenommene Rolle bei der Gewinnung der neuen Informationen. Die von der Mindermeinung vertretene Ansicht, dass sich die Anklageerhebungsentscheidung nach § 170 I StPO danach zu richten habe, ob der Staatsanwalt nach der Hauptverhandlung für eine Verurteilung plädieren werde, läuft praktisch – in Hinsicht der

315 Wie zuletzt, Punkt 7.2.

316 Zum Stand der Forschung: *Schünemann,* StV 2000, 159 ff., 162 ff.

richterlichen Aufarbeitung der staatsanwaltlichen Entscheidung – auf das Ersetzen des Verdachtsmodus durch den Überzeugungsmodus auch im tatsächlichen Bereich hinaus.

Es ist auch an die Theorie der sozialen Vergleichsprozesse zu denken, nach welcher der Richter „sich in einer unklaren Situation einfach an deren vorangegangener Beurteilung durch eine von ihm als kompetent akzeptierte Vergleichsperson orientiert".[317] Diese „Vergleichsperson" ist im deutschen Strafverfahren immer die Staatsanwaltschaft.[318] Zwar kann man behaupten, dass sich der Richter in vielen Rechtsfragen an den bereits ergangenen Entscheidungen der Rechtsprechung orientieren werde; aber es bleibt ein wichtiger und breiter Raum der unbestimmten Rechtsbegriffe und Institute, wo es auf die Beurteilung des Einzelfalles ankommt, etwa bei der Fahrlässigkeit oder bei den Einzelheiten der Notwehrprüfung. Bei solchen Fragen dürfte ein vorausgegangenes Überzeugungsurteil der Staatsanwaltschaft einen starken Perseveranzeffekt auslösen.

Zu beachten ist, dass die verbreitete Meinung den Preseveranzeffekt als in der StPO „geradezu vorprogrammiert" erachtet, weil sich die These der hinreichenden Verurteilungswahrscheinlichkeit beim Richter durch den Eröffnungsbeschluss einstellt.[319] Jedoch entpuppte sich dieses „strukturelle" Problem des Strafverfahrens nicht etwa, weil der Gesetzgeber psychologisch naiv war, sondern weil die Prüfung des hinreichenden Tatverdachts im Zwischenverfahren entgegen der Vorstellung des Gesetzgebers und wie es der Wortlaut nahe legt, nicht als eine elementar-eliminatorische Prüfung der „einigen Wahrscheinlichkeit", sondern als eine positive Feststellung, dass die Verurteilung des Beschuldigten mit überwiegender Wahrscheinlichkeit zu erwarten[320] ist, verstanden wurde.

Auch auf der Seite der Staatsanwaltschaft würde sich ihre Strafbarkeitsbeurteilungskompetenz psychologisch ungünstig auswirken. So lange es nicht angenommen wird, dass die Anklage der Staatsanwaltschaft seine Strafbarkeitsüberzeugung aufweist, braucht sich der Staatsanawalt keine

---

317 *Schünemann,* StV 2000, 159, 162.
318 *Schünemann,* StV 2000, 159, 163.
319 *Barton,* Einführung in die Strafverteidigung, 2007, Rn. 12/37.
320 So *Roxin/Schünemann,* Strafverfahrensrecht, 27. Aufl. 2012, Rn. 42/8.

berufssensiblen Sorgen zu machen, wie seine Rechtsansicht in foro erachtet wird. Außer dieser komplexverhindernden Wirkung wird durch die Verweigerung der autonomen Strafbarkeitsbewertung dem Staatsanwalt erleichtert auch nach der Klageerhebung die objektivste Behörde der Welt zu bleiben. Er würde sich nicht angerregt fühlen, auf seiner Ansicht zu beharren, da er nur eine der Hauptverhandlung überlassene Möglichkeit bejaht und noch keine Überzeugung geäußert hat.

Schließlich ist zu erwägen, dass eine eigenständige Strafbarkeitsbeurteilungskompetenz die rechtsstaatlich problematische Marginalisierung der Hauptverhandlung[321] systematisch begünstigt und dass durch die Anknüpfung der Ermittlungs- und Anklagetätigkeit an die Rechtsansichten der Rechtsprechung die Staatsanwaltschaft vor dem Einfluss der Exekutive geschützt wird.[322]

Vorzugswürdig ist also der genügende Anlass i.S.v. § 170 I StPO (in funktionaler Verbindung mit § 203 StPO) sowohl im tatsächlichem als auch im rechtlichen Aspekt als einen dem Verdachtsmodus verpflichteten Gedanken aufzufassen. Nur spekulativ kann man sich hier äußern, ob es dann sinnvoller (besser) wäre, auch den hinreichenden Tatverdacht nach § 203 StPO genauso zu verstehen (tatsächlicher und rechtlicher Verdacht) oder ob es dem Gericht im Zwischenverfahren im Zweifelsfall nur obliege, die tatsächliche Verdachtsseite zu prüfen, während bei Zweifeln an dem staatsanwaltlichen „Rechtsverdacht“, als dem Verdacht eines Gesetzeswächters eine Pflicht des Gerichts im Zwischenverfahren bestünde, das Hauptverfahren zu eröffnen und damit den Fall dem Mechanismus der Rechtseinheit nicht zu entziehen.

4. BVerfGE 126, 170

Mit dem Bestimmtheitsgebot als Teil des „*nullum crimen sine lege*“-Satzes, wurden in einer viel beachteten neueren Entscheidung des Bundesverfassungsgerichts gewichtige staatsrecht-organisatorische Folgen für die

321 Vgl. *Schünemann*, StraFo 2010, 90 ff.
322 *Haft/Hilgendorf*, FS StA Schleswig-Holstein, 279, 293.

Tätigkeit der höchsten Gerichte verknüpft.[323] Das BVerfG erkennt die in der Sache weilenden nomotechnischen Grenzen eines jeden Bestimmtheitsgebots an.[324] Der Gesetzgeber müsse und solle kein Kasuist werden, der Rechtsprechung obliege jedoch eine komplementäre „Pflicht", „verbleibende Unklarheiten über den Anwendungsbereich einer Norm durch Präzisierung und Konkretisierung im Wege der Auslegung nach Möglichkeit auszuräumen".[325] Es geht, so das BVerfG, um „Präzisierung" und „Konkretisierung"[326], bzw. um eine „Konturierung und Präzisierung".[327] Das Gericht spricht von einem „Präzisierungsgebot"[328] sowie von einem „Gebot restriktiver und präzisierender (!) Auslegung".[329] Und es heißt weiter: „Gerade in Fallkonstellationen, in denen der Normadressat nach dem gesetzlichen Tatbestand nur noch die Möglichkeit einer Bestrafung erkennen kann und in denen sich erst aufgrund einer gefestigten Rechtsprechung eine zuverlässige Grundlage für die Auslegung und Anwendung der Norm gewinnen lässt... trifft die Rechtsprechung eine besondere Verpflichtung, an der Erkennbarkeit der Voraussetzungen der Strafbarkeit mitzuwirken".[330]

Auf dieser Stellung des BVerfG lässt sich ein weiteres Argument gegen die autonome Strafbarkeitsbeurteilungskompetenz der Staatsanwaltschaft aufbauen. Außerdem ist zu beachten, dass die Stellungnahme des Bundesverfassungsgerichts eine grundlegende Entscheidung zur Staatsorganisation in Hinblick auf die Gesetzgebungfunktionalität ist, und keine bloße strafrechtliche Relevanz hat. Es handelt sich um eine staatsrechtlich profilierte rechtstheoretische Konstruktion, die die Verfahrensordnung der StPO überlagern soll.

323 BVerfGE 126, 170 („Präzisierungsgebot Untreuetatbestand"), mit zahlreichen Be-sprechungen, vgl. *Saliger,* Auswirkungen des Untreue-Beschlusses des Bundesverfassungsgerichts vom 23.6.2010 auf die Schadensdogmatik, ZIS 2011, 902;; kurz davor erging ein ähnlich gerichteter Beschluss (abgedruckt in NJW 2009, 2370).

324 BVerfGE 126, 170, 194 ff.

325 BVerfGE 126, 170, 198.

326 BVerfGE 126, 170, 198.

327 BVerfGE 126, 170, 199, 200.

328 BVerfGE 126, 170, 198.

329 BVerfGE 126, 170, 199, 200, 213, 215, 229.

330 BVerfGE 126, 170, 198 f.

Die vom BVerfG ausgearbeitete Begründung des an sich positiven Ergebnisses ist suspekt, weil die vom Gericht eingesetzte Dogmatik des Art. 103 II den Eindruck erweckt, dass sie gerade durch das vorangenommene Ergebnis der Verfassungsmäßigkeit des Untreuetatbestandes geschliffen wird. Und die Begründung ist aus rechtsmethodologischer Sicht instabil, denn einerseits wird rhetorisch geschickt darüber gesprochen, dass allein der Gesetzgeber über die Strafbarkeit eines Verhaltens zu „entscheiden" (bestimmen?) hat,[331] bzw. dass die Rechtsprechung im Gegensatz zum Gesetzgeber die Strafbarkeit eines Verhaltens nicht „festlegen" (bestimmen?) darf.[332] Anderseits wird auf eine „Konturierung" und „Präzisierung" (weitere Bestimmung?) durch Rechtsprechung abgestellt, die dann auch „Konkretisierung" (weitere Bestimmung?) genannt wird.[333] Es wird „der vollziehenden und der rechtsprechenden Gewalt verwehrt, die normativen Voraussetzungen einer Bestrafung festzulegen",[334] und gleichzeitig wird vom BVerfG von der Rechtsprechung verlangt, auf eine surkonkrete, also doch abstrakte Weise durch Aufarbeitung der Fallgruppen den normativen Gehalt der Vorschrift zu straffen. Unverkennbar ist, dass die Ausführungen des Gerichts für die hier erörterte Bindungsproblematik Relevanz entfalten können.

Bedeutet das Bestimmtheitsgebot keine Pflicht „jeden Strafbestand bis ins Letzte aus(zu)führen"[335], sonder vielmehr eine Pflicht des Gesetzgebers, den Tatbestand auch im Hinblick auf die zukünftige „Präzisierung", „Konturierung" und „Konkretisierung" durch höchstrichterliche Rechtsprechung soweit wie möglich „bestimmt" zu erlassen, so bedeutet das, dass in dem staatsrechtlichen Konzept des BVerfG (1) die Rechtsansichten der Rechtsprechung für den „Rechtsstand" maßgeblich sind; eine Behörde wie etwa die Staatsanwaltschaft, die von ihnen abweichen würde, würde durch die Abweichung die Präzisierung zerstören und damit den Art. 103 II GG leer laufen lassen. Weiter müsste es der Konsequenz halber heißen, dass (2) im Falle einer noch nicht in der Rechtsprechung

331 BVerfGE 126, 170, 194, 197.
332 BVerfGE 126, 170, 194.
333 Kritisch auch LK-*Schünemann*, § 266 StGB, Rn. 27.
334 BVerfGE 126, 170, 194.
335 BVerfGE 126, 170, 195.

erörterten Fallkonstellation (Sachverhalt), bei der die Strafbarkeit als möglich erscheint, die Staatsanwaltschaft durch Einstellung die systematische „Präzisierung“ und „Konturierung“, die der Rechtsprechung in der Sichdes BVerfG anvertraut ist, hindert.

Jedoch beruht diese Konturierungs- und Präzisierungspflicht der Rechtsprechung weithin auf einer durch die bereits oben geschriebene syllogistische rechtsmethodologische Einstellung[336] vorangetriebene Umdrehung der Rechtsrealität. Es ist nicht so, dass ein normatives Repertoire des Gesetzgebers durch die Rechtsprechung geschliffen und konturiert wird. Vielmehr darf es im Gegenteil gerade so sein, dass ein primärer Verfolgungstrieb der Rechtsprechung (die als Strafverfolger auftritt), der sich nach dem Unrecht und der Strafbedürftigkeit des Einzelfalles richtet, durch Gesetz begrenzt und konturiert wird. Der Rechtsprechung kommt eine genuine Gewalt kraft Grundgesetzes zu, Recht zu finden und zu sprechen. Die Rechtsprechung durchbricht die Gesetze zu Gunsten des Täters tagtäglich. Ist sie in der gegensätzlichen Richtung an der gleichen Vorgehensweise durch Art. 103 II GG gehindert, so kann das nicht die Tatsache verdrehen, dass sich die Rechtsgewinnung in primärem Kontext der Einzelfallgerechtigkeit abwickelt – das Gesetz setzt dieser Gewinnung eine Grenze. Es ist im Übrigen auch an einfachsten Beispielen, wie etwa bei der Dogmatik der Urkundendelikte gut ersichtlich, dass das Gemenge der verschiedenen Rechtstopoi in der Rechtsprechung im Verhältnis mit den kurzen Sätzen des Gesetzes nur euphemistisch als eine Präzisierung oder Konturierung bezeichnet werden kann. Eine Ansicht, die sich idealiter den Richter als Mund des Gesetzgebers vorstellt, ist nicht nur methodologisch illusorisch, sondern verstößt zugleich gegen die Gewaltenteilung. Ein Gesetzgeber, der bloß von der Rechtsprechung eine Filmentwicklungsarbeit erwartet, stellt sich vor, dass er selbst der Richter ist.

Die wahre Frage einer Verfassungsmäßigkeit in Bezug auf Art. 103 II GG ist also nicht, ob eine genügende Konturierung der Gesetze durch Rechtsprechung stattfindet, sondern ob eine genuine Rechtsgewinnung und ein Einschreiten des Staates bzw. der Gerichte durch die Gesetze angemessen

336 S. oben § 4, Teil II. (S. 98).

begrenzt ist. Dabei ist eine starke *Annäherung* an den *Idealtypus* der Vorbestimmtheit gefragt. Fehlt es an einer solchen, so kann das nicht durch die Figur einer Präzisierung durch die Rechtsprechung ausgeglichen werden. Denn, dass gerade derjenige, der begrenzt werden soll, mühevoll die Begrenzung präzisieren soll, ist ein Absurdum. Man kann sich bei der Prüfung einer Begrenzung der Rechtsprechung nicht sachgemäß darauf berufen, dass diese Begrenzung zwar an sich sehr allgemein ist, jedoch gerade durch den Begrenzten in der Praxis weiter bestimmt bzw. konturiert wird. Zwar hat eine feste höchstrichterliche Rechtsprechung einen Rechtsicherheit schaffenden Wert an sich, aber das ist nicht die gesetzliche Sicherheit, die das Grundgesetz im Art. 103 II GG anordnet, und die gerade auch im Bezug zur Rechtsprechung herrschen soll. Die Entscheidungsbegründung des Bundesverfassungsgerichtes zur Verfassungsmäßigkeit des § 266 StGB hat keinen inhaltlichen Wert. Vielmehr scheint sie eine ein System der unkritisch etablierten Begriffe zu sein, deren Deklination und gegebenenfalls Multiplikation nur den Schein einer Begründung erwecken kann.

Trotzdem bleibt es für die Frage der Bindung der Staatsanwaltschaft auffällig, dass das BVerfG die systembezogene Pflicht der Konkretisierung nicht bei Gericht und Staatsanwaltschaft, sondern allein bei den Gerichten erblickt. Da das BVerfG die Figur einer Konkretisierung sonst nicht nur mit der Tätigkeit der Gerichte, sondern auch mit „Verwaltungspraxis" verbindet, so darf daraus geschlossen werden, dass das BVerfG die von meisten Gegnern der Bindungsthese unterstellte Eigenkompetenz der Staatsanwaltschaft in Strafsachen als solche nicht anerkennt. Die völlige Ausblendung der Staatsanwaltschaft bei der sensiblen Diskussion um das Bestimmtheitsgebot und die in der Etnscheidung vorgenommene Verteilung der Rechtsgewinnungskompetenz zwischen dem Gesetzgeber und der Richter, zeigt, dass *das BVerfG davon ausgeht,* dass die Strafverfolgung schwerpunktmäßig bei den Gerichten liegt, und dass der Staatsanwaltschaft neben der Gesetzeswächterrolle prozessual ein Initiativorgan, und kein Organ, das über die Strafbarkeit zu entscheiden hat, ist.

II. Die „Bindung" an die höchstrichterliche Rechtsprechung

Lässt man das Gutachten von *Nowakowski* aus dem Jahr 1964 beiseite, so wird man feststellen müssen, dass in allen monografischen Schriften eine Bindung an die höchstrichterliche Rechtsprechung *verneint wird.*[337] Allerdings wird eine Bindung hier, so wie sie dort im Sinne der formalen Rechtsquellenlehre verstanden wird, ebenso verneint. Der Staatsanwalt darf sich – im Rahmen der Weisung – seine eigene Rechtsüberzeugung bilden; die Rechtsfrage, die der Staatsanwalt autonom hinsichtlich der Einleitung der Ermittlungen (§ 152 II StPO) und der Anklageerhebung (§ 170 I StPO) zu beantworten hat, ist aber keine Frage der Strafbarkeit, sondern eine Frage des Gerichtsvorlagegebots, praktisch der Verurteilungspotenz.

Die Mehrheit in der Literatur macht sich keine allgemeine Gedanken über die Befugnis der Staatsanwaltschaft, Rechtsfragen autonom zu beantworten und beginnt gleich mit der Fragestellung, ob die Staatsanwaltschaft an die Rechtsprechung, oder höchstrichterliche Rechtsprechung, oder feste/ständige/gefestigte höchstrichterliche Rechtsprechung *gebunden sei.* Diese Frage stellt sich aus der Sicht des hier eingenommenen Standpunktes nicht.

Die von den Gegnern jeglicher Bindung oft schlicht vertretene Ansicht, dass die Staatsanwaltschaft die Rechtsfragen eigenverantwortlich zu beantworten hat, besagt im hier erörterten Sinne (1) noch nichts darüber, welche Rechtsfrage gemeint ist, und (2) auch nicht, dass die staatsanwaltliche Rechtsansicht in der Rechtsordnung zu gelten habe, in dem Sinne, dass jede Kontrollkompetenz eines anderen Organs ausgeschlossen ist.

Die Streitspannung ist durch das deterministisch-syllogistische methodologische Verständnis inszeniert, weil sich nur im Rahmen einer solchen Auffassung die rechtliche Bewertung *als ein Baustein* im Rechtsakt der Behörde verstehen lässt, der als Baustein entweder der Klugheit der Rechtsprechung (der höchstrichterlichen) oder des zuständigen Staatsanwalts entnommen werden kann. Die Überführung der Ansicht der Rechtsprechung in die Entscheidung der Staatsanwaltschaft, die vielleicht

337 *Schmitt,* Zur Frage der Bindung, 1967; *Gabriel,* Ist die StA gebunden, 1969; *Koppenfels,* Die Bindung der StA, 1969; *Stahl,* Die Bindung der Staatsgewalten, 1973, 169 ff.; *Zimmermann,* Freiheit und Gebundenheit, 1988; *Arend,* Die Bindung der StA, 1993.

der Überzeugung des bearbeitenden Staatsanwaltes entgegensteht, scheint sich dann als eine Verletzung der Selbstständigkeit der Staatsanwaltschaft darzustellen. Und mehr sogar, möchte man eine Überführung der Rechtsansichten der Rechtsprechung als Pflicht statuieren, so erscheint in diesem Verständnis jede Einzelüberführung des bereits in der Rechtsprechung entwickelten rechtlichen Bausteins als die Befolgung eines *Präjudizes*. Plastisch spricht *John* in seinem alten Kommentar von der „Beeinflussung der staatsanwaltlichen Jurisprudenz durch die richterliche Jurisprudenz".[338]

Nach einem beliebten, schon auf *Bindings* Bemerkung zurückgehenden Argument, sollte die Bindung an die ständige höchstrichterliche Rechtsprechung schon aus dem Grunde nicht geboten sein, weil es sich sehr schwer feststellen lässt ob eine Rechtsansicht gerade fest, ständig ist.[339] Dieses Argument hat einen rein rhetorischen Wert, weil es bei allen nicht genug erörterten Bewertungsfragen nicht anders liegt. Für die hier vertretene Auffassung schlägt es nicht durch, weil bereits bei einzelnen Entscheidungen der Rechtsprechung eine Pflicht der Staatsanwaltschaft besteht, diese verfahrenstreu in ihre Anklageerhebung bzw. Einstellungsverfügung einzubauen.

III. Staatsanwaltschaft und Richter- und Gewohnheitsrecht

Einem ganz anderem Diskurs, jedoch durch Diskussion verwandt mit dem hier untersuchten Problembereich, gehören die Fragen nach der Bindung an das Richter- und Gewohnheitsrecht an. In Bezug auf die Strafbarkeitsbeurteilung durch die Staatsanwaltschaft hat hier *Nowakowski* in den 1960-er Jahren Klarheit schaffen können.[340] Die alte, heute als überholt zu betrachtende Verzahnung mit dem hier erörterten Problemkreis liefert

338 *John,* Strafprozessordnung, 1888, 404.

339 *Binding,* Grundriss des dt. Strafprozessrechts, 5. Aufl. 1904, 191; LR[26]- *Graalmann-Scherer,* § 170, 27; SK-*Wohlers,* § 170, 33; AK-*Achenbach,* § 170, 12; *Brodag,* Strafverfahrensrecht, 12. Aufl. 2008, 65; *Eb. Schmidt,* MDR 1961, 269, 272; *Sarstedt,* NJW 1964, 1752, 1757; *Bottke,* GA 1980, 298, 306; *Roxin,* DRiZ 1997, 109, 115 f.; *Kretschmer,* JURA 2004, 452, 453.

340 *Nowakowski,* Gutachten, 1964, 2 ff.; vgl. auch *Koppenfels,* Bindung der StA, 1969, 24 ff.

ein wissenschaftsgeschichtliches Beispiel, dass wissenschaftliche Klarheit manchmal erst durch Generationen von Juristen durchdringt.

Mit dem Gewohnheitsrecht hat man, besonders im Strafrecht, lange Zeit verschiedene Sachverhalte bezeichnet, die eigentlich kein Gewohnheitsrecht im engeren Sinne sind; so die zahlreichen dogmatischen Institute und Lehren, etwa die Lehre von Vorsatz und Fahrlässigkeit oder vom ursächlichen Zusammenhang.[341] Im engeren Sinne sollte man mit dem Gewohnheitsrecht nur eine durch Gewohnheit geltende, also nicht gesatzte, Rechtsnorm verstehen; die ständige Rechtsprechung an sich ist kein Gewohnheitsrecht[342] und kann im Sinne der Stellung der Rechtsquellenlehre zum Gewohnheitsrecht nicht binden. Sie kann nicht als Gewohnheitsrecht aufgefasst werden, weil sie die Rechtsprechung selbst bzw. die Gerichte selbst nicht bindet und damit keinen Normencharakter hat: „wo die Verbindlichkeit für das Gericht aufhört, muss sie dann aber auch für den Staatsanwalt enden [...] Meint man dagegen, dass sich der Staatsanwalt nach der „festen" oder „ständigen" Rechtsprechung zu richten habe, so ist es insoweit gleichgültig, ob sie eine Norm erzeugt hat. Er hat sie schon unabhängig zu beachten".[343]

Die Frage nach dem Gewohnheitsrecht hat im Strafrecht einen besonders praxisfernen Gehalt, weil der *nullum crimen sine lege* - Satz schon die Bildung des Gewohnheitsrechts (zum Nachteil des Beschuldigten) hindert und das eventuell früher bestehende Gewohnheitsrecht nicht zur Anwendung kommen lässt.[344] Zu denken ist nur an seltsame Fälle. So etwa, wenn eine für den Täter günstige Bestimmung im Gesetz formwidrig statuiert ist (Redaktionsfehler bei Veröffentlichung). Wird diese Bestimmung lange mit Pflichtbewusstsein angewendet, so könne man sie auch nach der Aufdeckung der statutaren Nichtigkeit als Gewohnheitsrecht behaupten.

Das Richterrecht wird, zumindest in Deutschland, nicht als Quelle im Sinne einer konditionalprogrammstiftenden Materie, sondern als eine

341 Vgl. *Nowakowski,* Gutachten, 1964, 3 f.

342 *Nowakowski,* 5; *Bottke,* GA 1980, 298, 304 f.

343 *Nowakowski,* 9.

344 Dazu auch *Eb. Schmidt,* MDR 1961, 269, 273.

Erkenntnisquelle des Rechts – als Rechtsgewinnungselement verstanden.[345] Diese Ansicht wird auch vom BVerfG vertreten[346] und der Streit in der Rechtstheorie verbleibt entweder im sprachlichen oder versteht eine Bindung anders, als es für eine Bejahung der Bindung der Staatsanwaltschaft an die höchstrichterliche Rechtsprechung erforderlich wäre.[347]

IV. Die Versuche den Streit mit rechtssoziologischen Einsichten zu entschärfen

Dem Streit um die Bindung der Staatsanwaltschaft an die höchstrichterliche Rechtsprechung und ihre autonome Strafbarkeitsbeurteilungskompetenz versuchte man mit mehreren Ansätzen durch rechtstatsächliche Bemerkungen zum Ablauf des staatsanwaltlichen Entscheidungsprozesses beizukommen.[348] Der Arbeitsalltag der Strafverfolgung verhelfe den Ansichten der Rechtsprechung, sich als maßgebend zu behaupten.

Zwei grundlegende Ansichten vor dem Hintergrund jeglicher Verneinung einer Bindungsthese hat *Eberhard Schmidt* ausgearbeitet. Einmal findet er, es wäre verfehlt, der Staatsanwaltschaft den Umstand vorzuwerfen, dass sie geneigt ist „in den höchstrichterlichen Entscheidungen, solange sie von unabhängigen Gerichten gefällt werden, zunächst einmal etwas Autoritatives zu sehen, was ihre eigene Rechtsauffassung maßgeblich zu bestimmen in erster Linie geeignet ist".[349] Die Staatsanwaltschaft ist in dieser Hinsicht rechtsprechungstreu, auch wenn die Bindungsthese nicht rechtlich anzuerkennen ist.

Nach einem anderen, jedoch verwandten Ansatz, ist die Praxis in den Rechtssachen allgemein inert; weder bei der Staatsanwaltschaft noch bei

345 S. mit Bezug zur Bindungsthese *Stahl,* Die Bindung der Staatsgewalten, 1973, 1969, 30 ff.; *Nowakowski,* 7 ff.

346 BVerfGE 84, 212, 227.

347 Vgl. Übersicht bei *Neumann,* in K/H/N, 337, Fn. 11; auch *Schrott,* ebendort, S. 227.

348 LR[24]-*K. Schäfer,* Einl. 13/36; LR[26]-*Franke,* vor § 141 GVG, Rn. 17; *Lüttger,* GA 1957, 193, 212, 215; *Eb. Schmidt,* MDR 1961, 269, 273; *Woesner,* NJW, 1961, 533, 535; *Bottke,* GA 1980, 298, 310; *Bloy,* JuS 1981, 427, 428; *Roxin,* DRiZ, 1997, 109, 114; *Kretschmer,* JURA 2004, 452; *Nowakowski,* Gutachten, 1964, 43 ff.; *Schmitt,* Zur Frage der Bindung, 1967, 30, 106; *Arend,* Die Bindung der StA, 1993, 32 f.

349 *Eb. Schmidt,* MDR 1961, 269 273.

Gericht findet eine tiefgreifende Rechtsprüfung jedes Einzelfalls statt, wie dies bei den Rechtsgelehrten geschieht. Und eben die Ansichten der Rechtsprechung werden die Staatsanwaltschaft richtungsweise leiten: „Es wird also *in der Regel* so sein, dass die StA der höchsten richterlichen Rechtsprechung folgt, weil sie *in der Regel* eine abweichende Rechtsauffassung zu gewinnen *keinen Anlass* sehen und *keine Möglichkeit* haben wird. Einen solchen Anlass wird nicht schon jeder 'Zweifel' an der Richtigkeit einer höchstrichterlichen Entscheidung bedeuten müssen".[350]

Anders als bei *Eberhard Schmidt,* dessen Behauptungen rein tatsächlicher Natur bleiben, werden aus dergleichen rechtssoziologischen Erkenntnissen und *Eindrücken* teilweise auch (para)normative Folgerungen gezogen. So bei *Arend,* wessen Ansatz die Sache sehr verengt und als formalitisch zu bezeichnen ist.[351] *Arend* meint in diesem Kontext, dass die Bindung der Staatsanwaltschaft an die höchstrichterliche Rechtsprechung nur dann vorliegt, wenn jeden einzelnen Staatsanwalt eine „Rechtspflicht" trifft, die Rechtsmeinung der Rechtsprechung zu vertreten. Diese Rechtspflicht besteht aber nicht, weil, und da liegt der Formalismus des Ansatzes, bei ihrer Nichtbeachtung der Staatsanwalt mit keinen disziplinaren Maßnahmen, einer Strafe oder Haftung, zu rechnen hat. Nach dieser Verneinung der „Rechtspflicht", meint jedoch *Arend:* „Diese strikte Bindung ist von der sozialen Tatsache der faktischen Verbindlichkeit höchstrichterlicher Rechtsansichten zu unterscheiden: Fraglos erfreuen sich höchstrichterliche Präjudizen im juristischen Alltag weitgehender Anerkennung. De facto ist daher jedem, der einer von einem Präjudiz abweichenden Rechtsauffassung Geltung zu verschaffen sucht, die 'Argumentationslast' dafür aufgebürdet."[352] Und sogleich in einer Fußnote verfestigend: „Zur 'willkürlichen' Verwerfung höchstrichterlicher Rechtsmeinungen dürfte der Staatsanwalt auch nicht berechtigt sein".[353]

Die in Betracht gezogenen, und besonders von *Eberhard Schmidt* ausgearbeiteten tatsächlichen Beobachtungen der Autopoiesis des Strafverfahrens

350 *Eb. Schmidt,* MDR 1961, 269, 273.
351 *Arend,* Die Bindung der StA, 1993, 32 f.
352 *Arend,* 32.
353 *Arend,* 33 FN 97.

dienen einem guten Ton in der einst scharfen Diskussion, sind jedoch ihrem Wesen nach nicht geeignet, die normativ und ebenfalls praxisrelevante Problematik aufzulösen.[354] Die Übergänge zum normativen Diskurs sind flüchtig, wie auch das folgende Beispiel zeigt:

Lüttger meint, vom Standpunkt einer strengformalen Rechtsquellenlehre aus, die Staatsanwaltschaft sei nicht an die Präjudizien gebunden und dürfe auch entgegen der ständigen freisprechenden Rechtsprechung anklagen. Jedoch sieht er zugleich in der Hinwirkung auf die Rechtseinheit ein „Gebot der Rechtsstreue" für die Staatsanwaltschaft und meint, „es mag sogar Fälle geben, in denen das öffentliche Interesse an erneuter Überprüfung einer – etwa unter dem Einfluss der Rechtslehre – zweifelhaft gewordenen Judikatur dem Staatsanwalt als dem berufenen 'Wächter des Gesetzes' nicht nur das Rechts verleiht sondern auch die wohlverstandene Pflicht auferlegt, durch eine bisherige Rechtsprechung zuwiderlaufende Anklageerhebung eine Korrektur der traditionellen Gesetzesauslegung zu ermöglichen".[355] Bei dieser Sicht bleibt die Pflicht, der höchstrichterlichen Rechtsprechung Genüge zu tun, in einigem Umfang verrechtlicht. Aber in gewisser Hinsicht bleibt sie zugleich zwischen dem Recht und Amtsmoral schweben und lässt sich ebenso als ein rechtssoziologischer Ausweichversuch deuten.

354 Vgl. *Roxin*, DRiZ 1997, 109, 114.

355 *Lüttger*, GA 1957, 193, 212, 213. Auch S. 215: „und gewiss hat er (der Staatsanwalt) das Recht und unter Umständen sogar die Amtspflicht, das öffentliche Interesse an höchstrichterlicher Klärung der streitigen Rechtsfrage in einem Musterprozess durch eine seiner eigenen Rechtsansicht zuwiderlaufende Anklageerhebung wahrzunehmen".

§ 6. Praktische Zusammenfassung

Die Staatsanwaltschaft darf und muss als selbstständige Behörde die ihr gestellten Rechtsfragen eigenverantwortlich beantworten. Dabei kommt ihr eine Kompetenz, die Strafbarkeit der Tat zu beurteilen in den durch das Legalitätsprinzip bestimmten Verfahrensmodalitäten *nicht* zu. Vielmehr hat sie in Bezug auf die Tat sowohl im Tatsächlichen, als auch im Rechtlichen mit einem Verdachts-/Möglichkeitsmodus zu arbeiten. Es kommt darauf an, ob eine Verurteilung, also Strafbarkeitsbejahung vor der abstrakten, bis zum BGH gedachten Richterbank in Frage kommt oder nicht.

Das ist das Ergebnis der Untersuchung, das hier nicht noch einmal begründet werden soll; hier gilt es allein die praktischen Folgen hervorzuheben.

Ist die Staatsanwaltschaft von der Nicht-Strafbarkeit der Tat überzeugt, und liegen keine Gründe vor dieses Ergebnis dem Zweifel zu unterwerfen, so darf sie eigenverantwortlich das Verfahren einstellen. Eine mögliche Korrektur *von außen* erfolgt nach dem geltenden Verfahrensrecht nur unter den engen Voraussetzungen für die Klageerzwingung nach § 172 StPO.

Bestehen jedoch Gründe eine angenommene Nicht-Strafbarkeit anzuzweifeln (etwa weil in vergleichbaren Fällen die Rechtsprechung die Strafbarkeit bejaht hat) oder ist es aus Gründen der immanenten Unbestimmtheit und Offenheit der Rechtsbegriffe im Einzelfall (von vorneherein) zweifelhaft ob die Strafbarkeit zu bejahen oder zu verneinen ist, so wird die Staatsanwaltschaft die Beantwortung der Strafbarkeitsfrage durch eine Anklage der Hauptverhandlung anheimstellen müssen.

Der hier vertretene Standpunkt kommt im Ergebnis dem Satz *in dubio pro duriore* gleich, der in der Schweiz, in einem sonst wesentlich mit dem deutschen gleichen Strafprozess, auch für die Rechtsfragen als ungeschriebener Grundsatz des Vorverfahrens *gilt.* Man beachte aber, dass es, auch in der Schweiz, nicht darauf ankommt ob ein Zweifel wirklich, als psychologische Tatsache bei einem oder anderen Staatsanwalt besteht, sondern darauf, wann ein Zweifel *vorhanden sein soll.* Fehlt es völlig an den Gründen eine Strafbarkeit der Tat anzunehmen, so wird man einstellen müssen;

bestehen Gründe eine Strafbarkeit der Tat als möglich zu betrachten, so wird die Staatsanwaltschaft anklagen müssen.

Der lateinische Spruch *in dubio pro duriore* zieht sprachlich ein mehr autoritäres Zeitalter in sich mitein, das schwer ins Gefüge eines modernen Staat-Bürger-Verhältnisses passt. Es geht nicht darum das Härtere zu befördern *(in dubio pro duriore),* sondern darum, den verschiedenen Gesichtspunkten der Verfahrensstruktur und Verfahrenslogik Rechnung zu tragen, die es verlangen das Verfahren so weit wie möglich in die Hauptverhandlung hineinzufördern. Man könnte den Spruch fallen lassen oder durch einen Grundsatz „im Zweifel für die Anklage" oder „im Zweifel für die Hauptverhandlung" ersetzen. Solche Grundsätze legimitieren sich sowieso nicht durch sich selbst, als lateinische Sprüche oder einprägsame Parolen; sie beanspruchen Geltung nur insoweit sie eine tiefere Verfahrenslogik zum Ausdruck bringen.[356]

Der Grundsatz *in dubio pro duriore* oder *im Zweifel für die Hauptverhandlung,* kann und soll durch die wissenschaftliche Aufarbeitung konkretisiert und begrenzt werden. Hier geht es nur um rechtliche Zweifel bzw. um die Ungewissheit der Strafbarkeitsbewertung einer Tat. Wer Recht mehr organisch denkt, wird sich auch mit dem Hinweis auf die bereinigende Kraft der Rechtsanschauung und Rechtsübung zufriedenstellen können; dazu wäre jedoch eine einheitliche Anschauung zum Wesen und zur Rolle der Staatsanwaltschaft notwendig, an der es in Deutschland grundsätzlich und gerade im Punkt der „Bindung" an die Rechtsprechung fehlt. In der Schweiz geht man davon aus, dass „die Staatsanwaltschaft nur dann einzustellen (hat), wenn eine Hauptverhandlung als Ressourcenverschwendung erscheinen müsste", oder allgemein: dass der Zweifel über die Nicht-Strafbarkeit der Tat als vorhanden angesehen werden muss, wenn eine Verurteilung wahrscheinlicher erscheint als Freispruch.[357] – Zahlreiche Begrenzungstopoi sind denkbar, so etwa, dass man einen normativen Zweifel nicht lediglich auf Grund von Anwendungsbeispielen aus der nationalsozialistischen Judikatur bejahen sollte. Offensichtlich falsche, die Strafbarkeit befür-

356 Die entscheidenden Punkte der hier vertetenen Meinung sind oben, im § 5, S. 109 ff. zusammengestellt.

357 S. oben, im § 5, Teil I.3, S. 120 ff.

wortende Entscheidungen, bei denen man etwa eine wichtige Vorschrift übersehen hat, vermögen auch zu keinen Zweifel an der Nicht-Strafbarkeit zu führen.

Dem Verfasser dieser Arbeit ist es wohl bewusst, dass die hier vertretene Ansicht in Bezug auf die Ressourcen der Justiz unökonomisch erscheint. Das Beispiel der Schweiz zeigt jedoch, dass sie wohl durchsetzbar und damit nicht illusorisch ist. Tatsächlich müsste der Arbeitsaufwand nicht bedeutend größer sein, da sich die Staatsanwaltschaften viele Gesichtspunkte der Rechtsprechung bereits jetzt fließend aneignen.

Die hier vertretene Ansicht ist, *de lege ferenda,* nicht die einzige mögliche – in einem liberalen Staat der zeitgenössischen Prägung vielleicht auch nicht die optimale. Sie dient jedoch einer festen gesetzlichen Verfahrenslogik und vertretbaren Interessenbalance, und begünstigt keineswegs ein unhaltbares Verfahrensunrecht. Es ist die einzige Ansicht, die der grundlegenden Entscheidung des Gesetzgebers für das Legalitätsprinzip im Regelstrafverfahren verpflichtet bleibt.

www.ingramcontent.com/pod-product-compliance
Ingram Content Group UK Ltd.
Pitfield, Milton Keynes, MK11 3LW, UK
UKHW041830290926
8980IPUK00013B/938

9 783631 642016